智無止境

《论语》名句今悟

敬人 著

青岛出版社

序　一

先秦诸子百家学说是中华文化源远流长的核心文脉，是中华文明的智慧结晶，其中蕴含的天下为公、民为邦本、为政以德、革故鼎新、天人合一、自强不息、厚德载物、诚信友善等思想理念，是先民在长期生产生活中积累的宇宙观、天下观、社会观、道德观的重要体现，是中华文明的摇篮、智慧的源泉，培育了伟大的民族精神。

诸子百家学说之所以成为经典，其重要原因是所蕴含的哲学思想具有跨越时空的永恒特性。千年以降，时代在变，社会在变，观念在变，而其洞察宇宙万物之大道、社会发展之规律的核心内涵恒久不变、历久弥新。改革开放40多年来，在国家经济、科技振兴的同时，重振中华文化精神，重塑文化自信，让中华优秀传统文化在新时代绽放新的光彩，需要我们在当代语境中进行创造性的转化和解读。新的时代，如何让这些伟大的思想智慧获得更具时代感的诠释与普及，是我们这些专业出版人和从事文化研究传播的专家学者需要认真思考和践行的重要命题。

本书的作者敬人先生就是这样一位热衷于诸子百家古老智慧的感悟者、实践者、解读者。敬人先生是一位资深的经济管理工作者，曾长期从事中国改革发展研究和政策制定工作，具备深厚的现代经济学、管理学的理论素养。

多年的工作实践以及对诸多经济、社会、文化问题的深入探究与思考，使他养成了带着问题从中国诸子百家经典著作中找答案的浓厚兴趣。近年来，他精读原典、研究版本，结合工作中遇到的实际问题，撰写诸子经典研读的感悟与心得，陆续出版的《智无止境》诸子名句今悟系列图书，立足当下，鉴古为今，独辟蹊径，令人耳目一新，得到广大读者的关注与肯定。

与敬人先生相识于2018年初，我们因《智无止境》系列图书的出版而成为读书悟道的知己好友，每次见面都会被他那种对诸子经典的挚爱与乐此不疲的读书写作兴致感动。至今，每到周六都会收到他每周一篇的“手机版今悟”，如细雨润物，受益良多。几年来，他的“手机版今悟”陆续精编结集为《智无止境》系列图书，现已出版《智无止境——〈道德经〉名句今悟》《智无止境——〈孙子兵法〉名句今悟》两种，第三种《智无止境——〈论语〉名句今悟》也即将付梓，作为第一读者，我认为这个系列有如下鲜明的特点：

一是忠于原典，吃透原典，而又不拘泥于原典，不受原典注释束缚，在深入研读的同时，以“今悟”的方式阐释了中国先秦典籍中蕴含的古老智慧和深邃思想。比如针对《论语》的“君子务本，本立而道生”，敬人先生的理解是：“所谓本即内心，用当今的话语可以解释为信仰和信念。所谓道即人道，可以理解为人在内心和信仰驱使下的品德行为。本为根基，道为行表，有什么样的内心和信仰，就会有什么样的人道和品行。”他没有对“本”和“道”进行学究式的疏解，而是在传统意义基础上生发，作出了适合现代人理解的阐释，同时指出了两者之间相辅相成的关系，既蕴含深刻的哲思，又便利人们践行。

二是精心选择古籍中的经典名句，注重名句含蕴的正能量，同时在语词、音韵等方面给人以美的享受。比如《道德经》中的“人法地，地法天，天法道，道法自然”、“美言可以市尊，美行可以加人”，《孙子兵法》中的“知彼知己者，百战不殆”、“出其所不趋，趋其所不意”，《论语》中的“知者乐水，仁者乐山”、“知之者不如好之者，好之者不如乐之者”等选句，尽管人们对这些名句耳熟能详，但他总会从不同角度点破问题的实质，令人从吟诵中领悟深厚的意蕴，从释读中获得思想的升华。

三是聚焦当下，立足现实，深入浅出地揭示名句中的规律，以古鉴今，古为今用，这是“今悟”的精彩之处。敬人先生从实践者的立场对传统文化经典以化繁为简、通俗实用的方式进行诠释，字里行间体现了一个躬行者的思辨与真知。比如《孙子兵法》中“道者，令民与上同意也”，敬人先生释读：“如果国家实行的大政方针深得人心，民众就会与之同心同德、同甘共苦、不畏艰难，甚至献出生命。”“这一古老命题的初衷和归宿或许就是国富民强、众安道泰，就是给每个公民以尊严、自由和发展。”这跟当下社会主义核心价值观的内涵是一脉相承的。敬人先生以史为鉴，融会古今，缓释了今人与先哲远隔几千年的距离感。

四是全书配附以珍稀原版古籍为蓝本的全彩插图，为读者呈现了全新的阅读体验。敬人先生对古代典籍极为敬畏与珍爱，在研读写作的同时，执着于将最好的古籍版本原样呈现于丛书之中，让读者在阅读文本的同时直观感受古籍经典的真实面貌。为此，他多方就教于国图、上图等单位古籍专家，找到了珍贵的宋刻本《十一家注孙子》和汲古阁影抄元刻本何晏集解《论语》等善本作为插图，大大增强了图书的知识性、艺术性和学术性，提升了丛书的版本价值和收藏价值，这在当今同类图书中是很少见的。

这本即将付梓的《智无止境——〈论语〉名句今悟》是近两年敬人先生在吸取前两册读者反馈意见和建议的基础上对《论语》研究感悟的新成果，依然采用注释加今悟的形式来解读原典文本，选句与今悟更加洗练精到，文风清雅细腻，分析细致入微，阐释鞭辟入里，令人在对古代经典的回味与现实生活的观照中，打开新视野，生发新启迪。

《智无止境》系列图书体现了敬人先生研究解读中国文化经典的情怀与担当以及化古为今的智慧与匠心。在全面建设社会主义先进文化，实现中华民族伟大复兴的今天，《智无止境》系列图书的出版是对中华优秀传统文化的传承和创造性转化的可贵探索，对中华优秀传统文化的解读弘扬、活学活用，对帮助人们借助古老的中国智慧来解决当下的诸多实际问题具有重要的价值。

刘咏

癸卯初夏于青岛

序　二

在《智无止境——〈论语〉名句今悟》即将付梓之际，敬人先生邀嘱我作序，我自知名薄学浅，不敢贸然领命，所幸与敬人先生有些机缘，也就不揣浅陋，率性直言了。两年前，敬人先生来孔子博物馆参观，我们有缘相识，交谈甚畅。敬人先生将他的《智无止境——〈道德经〉名句今悟》和《智无止境——〈孙子兵法〉名句今悟》两本书相赠，我亦以拙著《论语漫读》回赠。一年多来，敬人先生有时微信予我“《论语》名句今悟”，这成为我关注的信息，空闲时还会与先生讨论古之经典如何为促进今日社会发展之用，每每多有启发，受益匪浅。

我因工作关系接触《论语》的解读释本不在少数，品读敬人先生的“《论语》名句今悟”大有眼前一亮、智慧火花闪烁之感。通读“今悟”全稿，可以感知他心目中的孔子和所理解的《论语》，也可以感受到他与孔子的隔空对话。敬人先生选用的每一句原文都字斟句酌，注释原文中规中矩，能以严谨的学术态度对待经典，一则体现了对经典的崇敬，一则也反映了先生的学养。在他的“今悟”中，总能读出守正开新的丰富意蕴，体味到浓浓的践行者意气和满满的家国情怀。譬如，对于“知之者不如好之者，好之者不如乐之者”，敬人先生的“今悟”云：“这是孔子对学问的不同境界体察入微的刻画。孔圣人把学问分为‘知之’‘好之’‘乐之’三个境界，其中以‘乐之’为最，即以学习为快乐是学习和做学问的最高境界。热爱是最好的老师，以学习为快乐可以说是最真挚、最狂热、最痴情的爱，是以生命相伴的爱……正所谓爱之深，好之切，乐之极。”又，对于“有朋自远方来，不亦乐乎”，敬人先生的“今悟”云：“古时交通不便，信息闭塞，生活单调，与远道而来的故人好友、嘉宾访客相会，自然会情由心生，喜出望外。于是嘘寒问暖，谈经论道，煮泉烹茶，把盏言欢，其乐融融……待人以礼，接物以诚，相叙以欢，是值得珍惜和传承的待客之道。”上述洋洋洒洒的悟读，仿佛是先生身临其境领略了孔子的思想和情趣。仅举两例即反映出敬人先生“今悟”的特色：通古贯今，思想奔放，用语活泼，情真意切。

钱穆先生说：“我认为：今天的中国读书人，应负两大责任，一是自己读《论语》，一是劝人读《论语》。”在这里，我也顺便谈一下我们为什么要学习《论语》。《汉书·艺文志》云：“《论语》者，孔子应答弟子、时人及弟子相与言而接闻于夫子之语也。”《论语》在儒家的经典序列中占有特殊的地位，最直接、最生动、最全面地反映了儒家创始人的思想，是儒家学说具体而微的集大成之作。今本传世《论语》全书 20 篇，16000 字左右，其流传之广、影响之深，在中国文化史上无出其右，历史上不乏“半部《论语》治天下”之美谈。自《论语》成书以来 2400 多年间，研读《论语》代不乏人，注家辈出。特别是宋明以来的科举，定朱注《论语》为必考内容，这对拼搏在科举路上的士子学人影响可谓刻骨铭心至深至巨。太史公说："读孔氏书，想见其为人。"朱熹用一生心血注解《四书》，还专门附上《读论语孟子法》一文，教导人们如何才能读好《论语》《孟子》。梁启超认为，儒家学说是修身的学说，而《论语》则可视为修身的教科书。《论语》对中华文明的滋养、中华民族品格的形成都起到了不可替代的作用。正是因为孔子和《论语》共同构成了这种跨越时空的文化穿透力，即使在当今时代，我们心中仍然或多或少地有一个孔子和一部《论语》。

智者不惑，学海无涯，实践常新。品读《智无止境——〈论语〉名句今悟》，可以增信益智，立己达人。

言难尽意，聊以为序。

杨金泉

癸卯仲春

自　序

呈现在读者面前的《智无止境——〈论语〉名句今悟》是笔者研读《论语》第一篇至第八篇所思所悟的结集。2019 年、2020 年先后撰写和出版了《智无止境——〈道德经〉名句今悟》《智无止境——〈孙子兵法〉名句今悟》之后，我考虑再三，下一部书写什么？先秦诸子百家的经典论著是中华文明思想的摇篮、智慧的源泉，其中儒家思想代表作——《论语》是不能不读的。

《论语》是一部在中华历史上流传时间长、影响人群广，又有褒贬争议的经典著作。褒者认为，它塑造了一个民族的文化，使中华文明源远流长，自成一体，一脉相承；贬者认为，它束缚了一个民族的个性，使中华传统文化带有保守有余、创新不足的特质。笔者认为，解放思想，多维审视，取其精华，去其糟粕，是对待传统文化的应取态度。如果既能学习和借鉴全人类的先进文化，又能传承和弘扬本民族的优秀传统文化，则两全其美，何乐而不为？这是一个抱负远大、面向未来、行稳致远的伟大民族所应具有的胸襟和智慧，这也是笔者撰写本书的初衷。

笔者认为，品读《论语》，需要走进孔子等先贤的内心，也要走出先贤们的世界。所谓“走进内心”，就是闻知悟道，探奇究妙，把握和领悟先贤们的思想精髓，深入了解中华民族的文化脉络，深刻认识中国人精神世界的渊源出处；所谓“走出世界”，就是学以致用，躬体力行，用先贤们的深邃眼光审视大千世界、探寻前行之路，形成正确的审美观、人生观、价值观和世界观。

品读《论语》，可以深切地领悟到儒家经典——“孔子之说”的精髓要义：倡导育人律己，追求厚德仁爱，开示君子之道，宣扬人本精神，实现天下大同……品读《论语》，不仅可以领略其深邃旷达的思想境界，而且可以读出美感，得到精神享受:《论语》记述了孔子对《诗经》《周礼》《韶乐》等人文艺术成果由衷的喜爱和极致的赞叹，倡导人们提高“兴于《诗》，立于礼，成于乐”的人文修养；品读《论语》，还可以认识和掌握许多脍炙人口、流传千古的经典成语，如敏而好学、见义勇为、三十而立、有教无类、温故知新、任重道远、见贤思齐、学而不厌、成人之美、乐以忘忧等，这些原创成语积淀了中华文字和语言之美，成为世代传承的中华文化基因。

《论语》知之者广，研究者众，对其感悟写起来是有较大难度的。准确地说，本书只是“通人读本”，而非研究之作。

本书依旧采取了“名句”“注释”“译文”“今悟”的体例，既方便读者阅读，又便于笔者写作。

关于名句:《论语》虽仅约 16000 言，但博大精深，涉猎广泛。本书选取了其理深刻、其意简明、其文优美的章句来思考和抒发感悟。

关于注释：以若干《论语》释本和《古代汉语词典》

为依据，选取与文中意思相关的注解为释。

关于译文：参考了杨伯峻先生所著的《论语译注》等多种解读本，加上本人的理解和修辞编译而成。

关于今悟："今悟"是本书的主体内容。以"今悟"的方式怀往感今，阐思述理。体会在"今"，表达于"悟"，会让人插上自由想象和感悟的翅膀，这样可以来得更具现实感，更有灵活性，也更加轻松愉快。当然，"今悟"也是笔者读《论语》的所思、对过往人生经历的所悟。

经典传统文化是人类社会进步的源头活水，学无止境，知无止境，这是我们文化自信的底蕴所在。写作本书确是对《论语》不断加深认知的过程，是从中汲取思想养分的过程，也是一个神游享受的过程。如果本书能够引起读者对《论语》的喜爱和思考，能够使读者将古老的思想智慧运用于实践之中，哪怕只是从中得到些许愉悦，本人亦将欣乐之至。

"智无止境"系列读本为什么以"敬人"作为笔名？"敬人"二字取自《孟子·离娄章句下》中的"爱人者，人恒爱之；敬人者，人恒敬之"。取"敬人"之名，有向大智先贤、中华优秀传统文化、师友和读者致敬之意。

"学而时习之，不亦说乎？"让我们学习、领悟、享受和践行先贤大智的思想智慧，使自己的工作和生活更上一层楼。

敬人

2023年春于北京

目录

学而篇第一

为政篇第二

028 / 子曰："为政以德，譬如北辰居其所而众星共之。"

030 / 子曰："《诗》三百，一言以蔽之，曰'思无邪'。"

032 / 子曰："道之以政，齐之以刑，民免而无耻；道之以德，齐之以礼，有耻且格。"

035 / 子曰："吾十有五而志于学，三十而立，四十而不惑，五十而知天命，六十而耳顺，七十而从心所欲，不逾矩。"

037 / 子曰："视其所以，观其所由，察其所安。人焉廋哉？人焉廋哉？"

040 / 子曰："温故而知新，可以为师矣。"

042 / 子曰："君子不器。"

045 / 子曰："君子周而不比，小人比而不周。"

047 / 子曰："学而不思则罔，思而不学则殆。"

048 / 子曰："人而无信，不知其可也。大车无輗，小车无軏，其何以行之哉？"

八佾篇第三

052 / 孔子谓季氏："八佾舞于庭，是可忍也，孰不可忍也？"

055 / 子曰："人而不仁，如礼何？人而不仁，如乐何？"

057 / 子曰："君子无所争。必也射乎！揖让而升，下而饮。其争也君子。"

061 / 子曰："《关雎》，乐而不淫，哀而不伤。"

063 / 子闻之，曰：“成事不说，遂事不谏，既往不咎。”

066 / 子谓《韶》：“尽美矣，又尽善也。”

里仁篇第四

070 / 子曰：“里仁为美。择不处仁，焉得知？”

073 / 子曰：“唯仁者能好人，能恶人。”

074 / 子曰：“苟志于仁矣，无恶也。”

075 / 子曰：“富与贵，是人之所欲也，不以其道得之，不处也；贫与贱，是人之所恶也，不以其道得之，不去也。”

077 / 子曰：“人之过也，各于其党。观过，斯知仁矣。”

080 / 子曰：“朝闻道，夕死可矣。”

081 / 子曰：“君子之于天下也，无适也，无莫也，义之于比。”

083 / 子曰：“君子怀德，小人怀土；君子怀刑，小人怀惠。”

085 / 子曰：“君子喻于义，小人喻于利。”

089 / 子曰：“见贤思齐焉，见不贤而内自省也。”

公冶长篇第五

093 / 子曰：“朽木不可雕也，粪土之墙不可杇也。”

095 / 子曰：“始吾于人也，听其言而信其行；今吾于人也，听其言而观其行。”

097 / 子贡问曰：“孔文子何以谓之‘文’也？”子曰：“敏而好学，不耻下问，是以谓之‘文’也。”

099 / 子谓子产：“有君子之道四焉：其行己也恭，其事上也敬，其养民也惠，其使民也义。”

102 / 子曰：“晏平仲善与人交，久而敬之。”

103 / 季文子三思而后行。子闻之，曰：“再，斯可矣。”

雍也篇第六

109 / 子谓子夏曰：“女为君子儒，无为小人儒。”

111 / 子曰：“质胜文则野，文胜质则史。文质彬彬，然后君子。”

114 / 子曰：“人之生也直，罔之生也幸而免。”

117 / 子曰：“知之者不如好之者，好之者不如乐之者。”

119 / 子曰：“知者乐水，仁者乐山。知者动，仁者静。知者乐，仁者寿。”

121 / 子曰：“君子博学于文，约之以礼，亦可以弗畔矣夫！”

123 / 子曰：“中庸之为德也，其至矣乎！民鲜久矣。”

述而篇第七

128 / 子曰：“默而识之，学而不厌，诲人不倦，何有于我哉？”

130 / 子曰：“德之不修，学之不讲，闻义不能徙，不善不能改，是吾忧也。”

133 / 子曰：“志于道，据于德，依于仁，游于艺。”

135 / 子路曰：“子行三军，则谁与？”子曰：“暴虎冯河，死而无悔者，吾不与也。必也临事而惧，好谋而成者也。”

139 / 子之所慎：齐，战，疾。

141 / 子在齐闻《韶》，三月不知肉味。

143 / 子曰："饭疏食饮水，曲肱而枕之，乐亦在其中矣。不义而富且贵，于我如浮云。"

147 / 叶公问孔子于子路，子路不对。子曰："女奚不曰，其为人也，发愤忘食，乐以忘忧，不知老之将至云尔。"

149 / 子曰："我非生而知之者，好古，敏以求之者也。"

151 / 子曰："三人行，必有我师焉：择其善者而从之，其不善者而改之。"

153 / 子以四教：文，行，忠，信。

155 / 子曰："奢则不孙，俭则固。与其不孙也，宁固。"

158 / 子曰："君子坦荡荡，小人长戚戚。"

161 / 子温而厉，威而不猛，恭而安。

泰伯篇第八

165 /《诗》云："战战兢兢，如临深渊，如履薄冰。"

167 / 曾子言曰："鸟之将死，其鸣也哀；人之将死，其言也善。"

169 / 曾子曰："可以托六尺之孤，可以寄百里之命，临大节而不可夺也——君子人与？君子人也。"

173 / 曾子曰："士不可以不弘毅，任重而道远。"

174 / 子曰："兴于《诗》，立于礼，成于乐。"

175 / 子曰："学如不及，犹恐失之。"

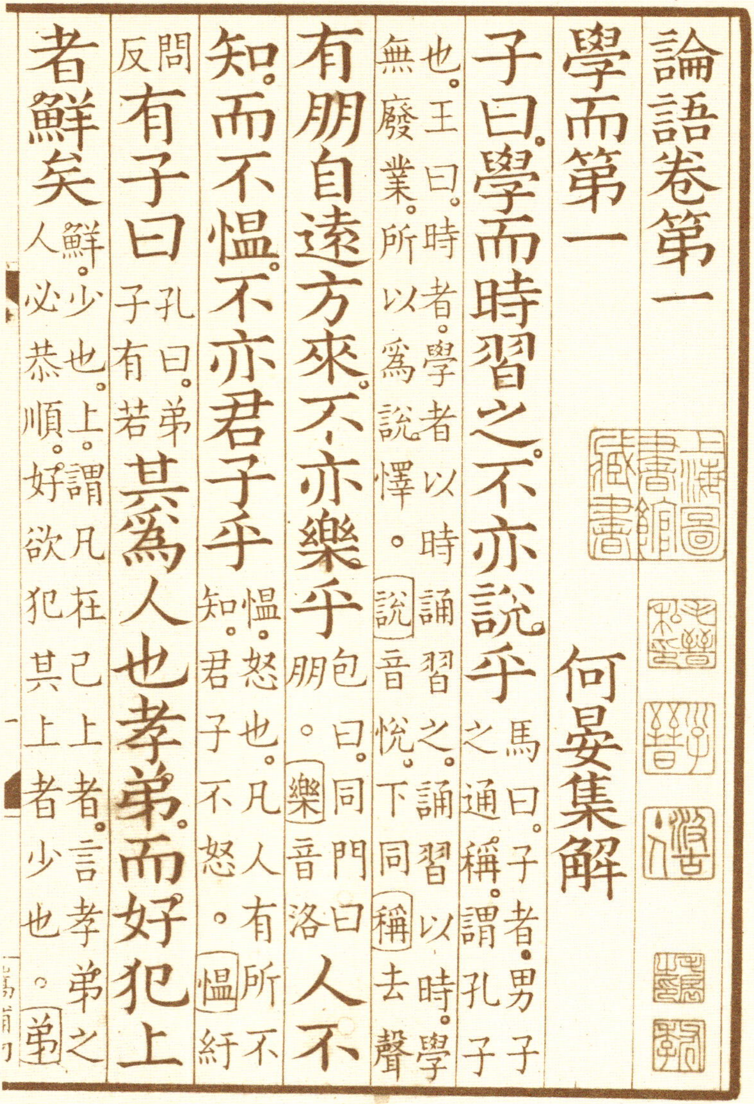

論語卷第一

學而第一　何晏集解

子曰：學而時習之，不亦說乎？馬曰：子者，男子之通稱，謂孔子也。王曰：時者，學者以時誦習之。誦習以時，學無廢業，所以爲說懌。○說音悅，下同。稱，去聲。有朋自遠方來，不亦樂乎？包曰：同門曰朋。○樂音洛。人不知而不慍，不亦君子乎？慍，怒也。凡人有所不知，君子不怒。○慍，紆問反。有子曰：孔曰：弟子有若。其爲人也孝弟，而好犯上者鮮矣。鮮，少也。上，謂凡在己上者。言孝弟之人必恭順，好欲犯其上者少也。○弟

《论语》十卷，魏何晏集解，明末清初常熟毛氏汲古阁影抄元岳氏荆谿家塾刻本

论语

○

学而篇第一

子曰：“学而时习之，不亦说乎？”

——《论语·学而篇第一》

〔注 释〕

子：古代对男子的尊称。《论语》中“子曰”的“子”皆指孔子。

时：时常，经常。

习：练习，复习，实习，演习，可引申为实践。

不亦……乎：不也……吗？

说：同“悦”，高兴，喜悦，愉快。

〔译 文〕

孔子说：“坚持学习并经常将所学加以实践，不也令人愉悦吗？”

〔今 悟〕

“学而时习之，不亦说乎？”这是儒学理论经典——《论语》的开卷语。该句位于全文之首，其意深入，其理浅出，其思旷远。句中的“学”字可以理解为学习，“习”字可以理解为实践。学习者：闻知悟道，探奇究妙；实践者：学以致用，身体力行。一句短短的“学而时习之”，即学习与实践，几乎概括了人类社会的全部活动，诠释了人类生命的重要意义。正因为学习，人们才能够认识世界，掌握规律，顺应自然；也正因为实践，人们才能够修身齐家，立德建功，改变世界。而学思践悟，周而复始，循环往复，可以使人类实现自身的升华，可以达到人与自然的和谐，也可以给人以快乐和幸福。

有朋自远方来，不亦乐乎？

——《论语·学而篇第一》

〔注 释〕

朋：同门受学者，这里指志同道合之人。

〔译 文〕

志同道合的朋友从远方来相会，不也令人快乐吗？

〔今 悟〕

人是有情感有思想的，也是不喜欢寂寞和孤独的。因此，交往交流是人类心理和生理之需求。古时交通不便，信息闭塞，生活单调，与远道而来的故人好友、嘉宾访客相会，自然会情由心生，喜出望外。于是嘘寒问暖，谈经论道，煮泉烹茶，把盏言欢，其乐融融，正所谓“有朋自远方来，不亦乐乎？”清茗一杯情更真，为君持酒劝斜阳，酒兴浓时歌一曲，此心归处胜长安。情真意切的情感交流，思想碰撞，精神抚慰，是满足不同人群需求的交往方式；待人以礼，接物以诚，相叙以欢，是值得珍惜和传承的待客之道。

人不知而不愠，不亦君子乎？

——《论语·学而篇第一》

〔注 释〕

知：知道，了解。

愠：怨恨，恼怒。

君子：古时有两解：一是指人格高尚、道德品行兼好之人；二是指社会地位高的人或统治者。此句中指前者。

〔译 文〕

别人不了解我，我却不怨恨，不也是君子吗？

〔今 悟〕

因为不能互相理解而产生误解、不满甚至怨恨，这是人类社会的常见现象。人与人之间如此，国与国之间亦然。“人不知而不愠，不亦君子乎？”其意为，对待他人持不知不为过、不知不恼怒的态度，是君子风范。而今读来感触至深，这是何等豁达大度、何等宽宏大量、何等虚怀若谷？这就是儒家所崇尚的君子之道。

大計反。【好】呼報反。【鮮】仙善反。下竝同。不好犯上而好作亂者未之有也。君子務本。本立而道生。本，基也。基立而後可大成。孝弟也者，其爲仁之本與。先能事父兄，然後仁道可大成。【與】音餘。

子曰：巧言令色，鮮矣仁。包曰：巧言，好其言語。令色，善其顏色。皆欲令人說之。少能有仁。

曾子曰：馬曰：弟子曾參。【參】所金反。又七南反。吾日三省吾身。爲人謀而不忠乎。與朋友交而不信乎。傳不習乎。言凡所傳之事，得無素不講習而傳之。【三】息暫反。又如字。【省】悉井反。【爲】于僞反。又如字。

子曰：道千乘之國，馬曰：道，謂爲政

君子务本，本立而道生。

——《论语·学而篇第一》

〔注 释〕

君子：古时有两解：一是指人格高尚、道德品行兼好之人；二是指社会地位高的人或统治者。此句中两者兼而有之。

务：从事，致力于。

本：草木的根，根本。

道：道德，道义。儒家解释为人道、仁道。

〔译 文〕

君子做人行事致力于根本。根本确立了，道义就自然产生了。

〔今 悟〕

何为本？何为道？本与道之间有什么样的关系？这是儒家学说的基本问题。《论语》关于“君子务本，本立而道生”的论断，明白无误地阐明了这一问题。所谓本即内心，用当今的话语可以解释为信仰和信念。所谓道即人道，可以理解为人在内心和信仰驱使下的品德行为。本为根基，道为行表，有什么样的内心和信仰，就会有什么样的人道和品行。本与道又是一个具有普遍意义的人文问题。秉持什么样的信仰，表现什么样的品行，是每个社会、每个团体、每个家庭和每个人都无法回避的必答题。儒家亚圣孟子提出的“穷则独善其身，达则兼济天下”，汉代名士提出的“生年不满百，常怀千岁忧”，北宋思想家张载提出的“为天地立心，为生民立命，为往圣继绝学，为万世开太平”，都为儒家“本立而道生”的思想作出了诠释。

子曰："巧言令色，鲜矣仁！"

——《论语·学而篇第一》

〔注 释〕

巧言令色：花言巧语，伪善、献媚的脸色。

鲜：少，少有。

〔译 文〕

孔子说："花言巧语，貌似善良，这种人其实缺少仁德。"

〔今 悟〕

花言巧语为中国古代圣贤所不齿，先秦诸子对此多有精辟论述。老子曰："信言不美，美言不信。"其意为，真诚的话不一定美丽动听，美丽动听的话不一定真诚。孔子曰："巧言令色，鲜矣仁！"其意为，花言巧语，貌似善良，这种人其实缺少仁德。韩非子曰："巧诈不如拙诚，惟诚可得人心。"其意为，巧妙的伪诈不如笨拙的诚实，只有真诚才可以赢得人们的赞许和尊重。有鉴于此，讲真诚话，做求是人，心怀仁德，言信行果，其大可振国兴邦，其小可成事立人。

曾子曰："吾日三省吾身：为人谋而不忠乎？与朋友交而不信乎？传不习乎？"

——《论语·学而篇第一》

〔注 释〕

曾子：姓曾，名参，孔子的学生，春秋战国时期的政治家、军事家，著有《孝经》，儒家"五圣"之一。

省：反省，内省，检查。

谋：谋划，策划。

忠：尽心竭力。

信：诚信。

传：传授，教授。

〔译 文〕

曾子说："我每天多次反省自己：为他人谋划事情是否尽心竭力了呢？与朋友交往是否真诚有信呢？传授的经验是否经过实践检验呢？"

〔今 悟〕

两千多年来，曾子的名言"吾日三省吾身"已经成为无数励志者的座右铭。曾子提出的"为人谋而不忠乎？与朋友交而不信乎？"也已经成为对待他人、友人的价值标准。这两句话的意思是：为他人谋事要“忠”，要尽心竭力；与朋友交往要有“信”，要真心实意。“忠”与“信”可以归结为一个“诚”字，正是因为有了这天底下最难得、最可贵的“诚”，才能够感人肺腑、感天动地；才有精诚所至、金石为开之说。

教。司馬法。六尺爲步。步百爲畝。畝百爲夫。夫三爲屋。屋三爲井。井十爲通。通十爲成。成出革車一乘。然則千乘之賦。其地千成。居地方三百一十六里有畸。唯公侯之封。乃能容之。雖大國之賦。亦不是過焉。包曰。道。治也。千乘之國。百里之國也。古者井田。方里爲井。十井爲乘。百里之國。適千乘也。融依周禮。包依王制孟子。義疑。故兩存焉。[道]音導。[乘]繩證反

[封]甫用反。又如字

敬事而信 包曰。爲國者舉事必敬慎。與民必誠信 節用而愛人 包曰。節用。不奢侈。國以民爲本。故愛養之 使民以時 包曰。作使民必以其時。不妨奪農務

子曰。弟子入則孝。出則弟。謹而信。汎愛衆。而親仁。行有餘力。則以學文 馬曰。

子曰："道千乘之国，敬事而信，节用而爱人，使民以时。"

——《论语·学而篇第一》

〔注　释〕

道：通"导"，领导，治理。千乘：千辆兵车，古时以一车四马为一乘。敬事：敬慎处事，恭敬奉事，敬业。以时：按时，及时。

〔译　文〕

孔子说："治理有千辆兵车之众的国家，须敬业，守信用，重节俭，有爱心，差使民工百姓要选在农闲时节。"

〔今　悟〕

"道千乘之国，敬事而信，节用而爱人，使民以时。"这段话映现了中华民族质朴而优秀的品格，也是《论语》中政治性很强的告诫。此番话语直接明了地提出了从政履职的基本守则：勤勉敬业，言而有信，节约用度，以人为本，体恤民情。纵观古今，大凡受民众爱戴的从政者都秉持这一亘古不变的原则而行之。笃守和践行这一原则不仅是从道德大义出发，而且应该使之制度化，甚至立法成典。

子曰："弟子，入则孝，出则悌，谨而信，泛爱众，而亲仁。行有余力，则以学文。"

——《论语·学而篇第一》

〔注 释〕

弟子：一般两种含义：一是指年纪幼小的人；二是指学生。此句中指前者。

孝：孝顺父母。

悌：尊重兄长。

谨：寡言为谨，谨慎。

仁：仁义，仁人。

〔译 文〕

孔子说："年轻后生，在家要孝顺父母，出门在外要尊敬兄长，谨慎行事，言而有信，博爱众人，亲近仁者。这些都做到之后，如果还有余力就学习文化知识。"

〔今 悟〕

"入则孝，出则悌"是儒家倡导的入世行为准则。就个人行为而言，作为为人处世之道，它教人在家守孝道，在外尽悌职，做父母的孝子，做兄长的小弟。如此就可以在家有父母，在外有朋友，处处有人缘。

就社会行为而言，应倡导百善孝为先，孝是百善源，孝悌为人性之初、德行之本。唯此，秉仁道、讲正义、施爱心才能蔚然成风。“行有余力，则以学文”是儒家倡导的进取有为之法。好学善问，行路读书，可以心胸开阔，志向高远，明晰事理，艺不压身。无论是年轻人还是中老年人，无论是位居庙堂还是身处江湖，孔子之言可以当作安身立命、成事立业的恒言和信条。

文者古之遺文。〔行〕下孟反，下觀其行同。

子夏曰：賢賢易色，孔曰：子夏卜商也。言以好色之心好賢則善。〔夏〕戶雅反。事父母能竭其力，事君能致其身，孔曰：盡忠節不愛其身。與朋友交言而有信。雖曰未學，吾必謂之學矣。子曰：君子不重則不威，學則不固。孔曰：固，蔽也。一曰：言人不能敦重，既無威嚴，學又不能堅固，識其義理。主忠信，毋友不如己者，過則勿憚改。鄭曰：主，親也。憚，難也。〔難〕乃旦反。曾子曰：愼終追遠，民德歸厚矣。孔曰：愼終者，喪盡其哀。追遠者，祭盡其敬。君能行此二者，民化其德，皆歸

子夏曰："贤贤易色；事父母，能竭其力；事君，能致其身；与朋友交，言而有信。虽曰未学，吾必谓之学矣。"

——《论语·学而篇第一》

〔**注 释**〕

子夏：姓卜，名商，字子夏，孔子的弟子，"孔门十哲"之一。

贤：有道德，有才能。

易：轻视。

色：表情，容貌。

易色：不重容貌。

致：献出，献纳，给予。

〔**译 文**〕

子夏说："看一个人的德行要重实质而轻表象；侍奉父母尽心竭力；服务君主勇于献身；与朋友交往言而有信。这样的人虽说没有读过多少书、受过什么教育，但我认为他确实有真学问。"

〔**今 悟**〕

子夏这番话的大意是：看一个人的德行要重实质而轻表象。侍奉父母尽心竭力，服务国家勇于献身，与朋友交往言而有信，这样的人虽说没有读过多少书、受过什么教育，但他确实有真才实学。由此，提出了何为真学问、什么是真本事的问题。在智者的思想中，“行万里路，读万卷书”、“世事洞明皆学问，人情练达即文章”是真学问；知行合一、学以致用是真本事。

子曰："君子不重则不威，学则不固。主忠信。无友不如己者。过，则勿惮改。"

——《论语·学而篇第一》

〔注 释〕

君子：古时有两解：一是指人格高尚、道德品行兼好之人；二是指社会地位高的人或统治者。此句中指后者。

重：庄重，自重，稳重。

固：牢固，巩固。

勿：不要。

惮：害怕。

〔译 文〕

孔子说："君子如果不庄敬自重就没有威严，如果没有诚敬之心所学知识就不会牢固。要以忠和信这两种品德为主。不要与不如自己的人交朋友。有了过错，不要害怕改正。"

〔今 悟〕

早在两千多年前，孔子就提出了"自重"的理念，并借助"君子如果不庄敬自重就没有威严，如果没有诚敬之心所学知识就不会牢固"的论据，阐明了人要“自重”的意义。尽管儒家推崇“君子不重则不威，学则不固”的理念是针对君子而言的，但对于社会每一个成员也具有教化意义，应该成为全社会普遍秉持的价值观。自重者：自珍，自爱，自立，自强；他重者：尊重他人，然后人重。正如孟子曰：“爱人者，人恒爱之；敬人者，人恒敬之。”

有子曰："礼之用，和为贵。"

——《论语·学而篇第一》

〔注 释〕

有子：姓有，名若，字子有，春秋末年鲁国人。孔子弟子，"孔门七十二贤"之一，被尊称为儒学圣贤。

礼：制度，古代时的礼制。用：运用，施行。

和：合适，恰当，和谐。

〔译 文〕

有子说："礼制的运用，以做事恰到好处为可贵。"

〔今 悟〕

"和为贵"的正解是：凡事以和谐和睦、恰到好处为可贵。这一千秋流传、极能体现中华文化深厚底蕴的经典名句，早已深入华夏民族的骨髓。上至君王达官，下至贩夫走卒，几乎无人不知、无人不晓。"和为贵"既是儒家所倡导的伦理、政治和社会准则，也是具有普遍意义的思维理念和人文境界。不论是修身、齐家还是从政、经商、办学、举社，也不论是治理内政事务还是处理国际关系，凡事都应该缜思而行，力争做到恰到好处。

有子曰：“信近于义，言可复也。恭近于礼，远耻辱也。因不失其亲，亦可宗也。”

——《论语·学而篇第一》

〔注　释〕

信：信用，信言，承诺。

义：道义，合道义的。

恭：端庄，谦逊，恭敬。

礼：礼仪，礼制。

远：使之远离，有避免之意。

因：依靠，凭借。

亲：关系密切的人。

宗：可靠，归往，投靠。

〔译　文〕

有子说：“所守的约言符合道义，说的话就能兑现。态度谦逊、恭敬符合礼道，就不会遭受羞辱。依靠关系密切的人，就会踏实可靠。”

〔今　悟〕

有子关于“恭近于礼，远耻辱也”的论述，阐明了儒家为人处世之道和事物之间的因果关系。一般而言，如果你尊重他人，自然也会得到他人的尊重；如果你善待他人，自然也会得到他人的善待。先秦思想家墨子有言：“君子不镜于水而镜于人。镜于水，见面之容；镜于人，则知吉与凶。”其大意为，君子不以水为镜来映照自己的容貌，而是以人为镜，从他人的态度和评价来知晓自己的为人。结合有子和墨子的论述可以得出这样的结论：如果你尊重他人、善待生命、友好环境，不仅可以“恭近于礼，远耻辱也”，而且可以“恭近于礼，获善待也”。正所谓讲礼道、事恭敬，得亲近、受尊重。

子曰："君子食无求饱，居无求安，敏于事而慎于言，就有道而正焉，可谓好学也已。"

——《论语·学而篇第一》

〔注 释〕

君子：古时有两解：一是指人格高尚、道德品行兼好之人；二是指社会地位高的人或统治者。此句中指前者。

敏：勤勉，勤奋，勤快。

就：靠近。

正：不偏，不斜。

〔译 文〕

孔子说："君子饮食不求足饱，居住不求安逸，做事勤勉，说话谨慎，多向有道德品格的人学习以端正自己，这样就叫作好学啊。"

〔今 悟〕

"敏于事而慎于言"的思想，不仅为古代圣贤所推崇，而且多被后人当作座右铭。就"敏于事"而言，《周易》云天道酬勤。唐代韩愈《进学解》云："业精于勤，荒于嬉。"宋代黄庭坚《跛奚移文》云："持勤补拙，与巧者俦。”就“慎于言”来讲，据载轩辕黄帝《金人铭》云：“无多言，多言多败；无多事，多事多患。”老子《道德经》云：“多言数穷，不如守中。”上述论断鲜明地道出了中华传统文化的价值取向。而今，从唯物辩证法和解放思想的角度出发，既需要提倡敏于事而慎于言，也需要鼓励敏于事而善于言。因时、因地、因情、因势而异，在“慎言”与“善言”之间拿捏得当，把握适宜。

曰不患人之不己知患不知人也王曰徒患己之無能

爲政第二

子曰爲政以德譬如北辰居其所而衆星共之包曰德者無爲猶北辰之不移而衆星共之。[共]求用反鄭作拱俱勇反子曰詩三百孔曰篇之大數一言以蔽之包曰蔽猶當也曰思無邪包曰歸於正子曰道之以政孔曰政謂法教[道]音導下同齊之以刑馬曰齊整之以刑罰民免而無恥孔曰免苟免道之以德包曰德謂道德齊之以禮有恥且格格正也子曰

爲政

《论语》十卷，魏何晏集解，明末清初常熟毛氏汲古阁影抄元岳氏荆谿家塾刻本

论语

○

为政篇第二

子曰："为政以德，譬如北辰居其所而众星共之。"

——《论语·为政篇第二》

〔注 释〕

北辰：北极星。

共：同"拱"，环绕，环抱。

〔译 文〕

孔子说："用道德的力量治理国家，就像北极星那样在天空中有众多星辰环绕在它的周围。"

〔今 悟〕

"为政以德，譬如北辰居其所而众星共之"这句话有两个关键词语：一个是"为政以德"，讲的是对执政者或政治家执政理念的判别；另一个是"譬如北辰"，讲的是对执政者或政治家社会和历史地位的评价。孔子论述对象看似是执政者或政治家，但深入品味可以感觉到是具有广泛性和普遍意义的。在人类历史长河中，涌现出了许多举世闻名的政治家、思想家、军事家、外交家、科学家、教育家、文学家、艺术家等，他们譬如北辰，星光闪耀，在不同历史时期、不同国度和不同领域，或因道德品质高尚，或因思想理论深邃，或因成就功绩卓著，或因才华造诣出众，为人类的社会进步、文化繁荣和福祉增进做出了杰出贡献。他们为世人所崇拜敬仰，为万世所赞誉颂扬。正所谓仰看宇宙之大观，景望群星之璀璨。

子曰：“《诗》三百，一言以蔽之，曰‘思无邪’。”

——《论语·为政篇第二》

〔注 释〕

《诗》：中国最早的一部诗歌总集，收集了西周初年至春秋中叶的诗歌，先秦后被称为《诗经》，传为尹吉甫采集，孔子编订。

三百：取《诗经》整数称，实际有三百零五篇，加上有题无辞六篇笙诗，共三百十一篇。

蔽：概括。

思无邪：《诗经》中的词语，孔子借用来评论《诗经》的思想纯正。

〔译 文〕

孔子说：“《诗经》三百篇，用一句话来概括，就是思想纯正。”

〔今 悟〕

“思无邪”是中国最早的诗歌总集——《诗经》中的词语。所谓“思”即心之所愿、思之所想，所谓“无邪”即纯正。孔子借用“思无邪”来评价和赞美《诗经》。在孔子看来，世间的一切文化、政治等社会问题都根源于人的心愿，取决于人的思想。如果思想端正，没有邪念，一切都将是美好的。因此，具有思想性或具有思想根源的美好事物都可以用“思无邪”来评价。一个社会的教育、科学和文化进步都来源于“思无邪”，一个社会的公正、和谐和文明也离不开“思无邪”。推广其理，为政者，以天下为己任，光明磊落，是“思无邪”；为文者，追求真善美，咏唱风雅颂，是“思无邪”；为学者，严谨治学，为人师表，是“思无邪”；为商者，诚信予取，货殖天下，也是“思无邪”。

子曰：“道之以政，齐之以刑，民免而无耻；道之以德，齐之以礼，有耻且格。”

——《论语·为政篇第二》

〔注 释〕

道：引导，治理。

政：政令，法令。

齐：整顿，管理，治理。

免：避免，免除。

格：来，至。

〔译 文〕

孔子说：“用政令来引导，用刑律来管理，老百姓可以避免犯错，但不会有廉耻心；用道德来引导，用礼教来管理，老百姓不仅知廉耻而且心归顺。”

〔今 悟〕

这句话提出了法治与德治的不同社会治理思路问题。以法治国还是以德治国，这是我国先秦时期法家与儒家的治国理念之别，也是东西方国家社会治理文化传统之异。法家的立论依据是“人性自利”。因此，应“不别亲疏，不殊贵贱，一断于法”，该“寄治乱于法术，托是非于赏罚”。儒家认为：“人之初，性本善。”因此，应德润人心，以德服人，只要“道之以德，齐之于礼”，便可收到“有耻且格”的效果。为政以法，还是为政以德，抑或兼而施之？目前人类已有的实践经验表明：执两用中，各取所长，法德并施，刑礼兼用，乃社会治理之正道。用儒家、法家和道家的思想可以概括为：以德教化人心，以法约束行为，以无为兴天下。

吾十有五而志于學。三十而立有所成立四十而不惑孔曰。不疑惑五十而知天命孔曰。知天命之終始六十而耳順鄭曰。耳聞其言而知其微旨七十而從心所欲。不踰矩。馬曰。矩。法也。從心所欲無非法從無音。文公如字。俗音縱非孟懿子問孝孔曰。魯大夫仲孫何忌。懿。謚也子曰。無違。樊遲御。子告之曰。孟孫問孝於我。我對曰無違鄭曰。恐孟孫不曉無違之意。將問於樊遲。故告之。樊遲。弟子樊須樊遲曰。何謂也。子曰。生事之以禮。死葬之以禮。祭之以禮。孟武伯

子曰："吾十有五而志于学，三十而立，四十而不惑，五十而知天命，六十而耳顺，七十而从心所欲，不逾矩。"

——《论语·为政篇第二》

〔注 释〕

有：通"又"。

立：确立，指立身行事。

不惑：遇事可以明辨，不被迷惑。"不惑"是四十岁的代称，四十岁被称为不惑之年。

知天命：知晓命运。

耳顺：听得进顺耳、逆耳之言。"耳顺"是六十岁的代称，六十岁被称为耳顺之年。

〔译 文〕

孔子说："我十五岁开始立志学知问道，三十岁确立了人生目标，四十岁不再受诱惑误导而改变人生目标，五十岁已经知晓天命所归，六十岁可以听得进好话坏话，到七十岁可以随心所欲，但又不会逾越常理和规矩。"

〔今 悟〕

"吾十有五而志于学，三十而立，四十而不惑，五十而知天命，六十而耳顺，七十而从心所欲，不逾矩。”这是《论语》中人们耳熟能详的经典章句。孔子终年七十三岁，虽然只用了这区区三十八个字，极其简明地概述了从青少年到中年再到老年人生不同阶段的阅历特质和行为特征，却凝结了他毕生的经验和卓见。可以说，能够如此精到地对生命过程作出反思和评价，非大智者不可参悟，非至圣者不能企及。古往今来，孔子关于“三十而立”的教诲，照亮了一代又一代人的旅途，影响了一代又一代人的生活，激励了一代又一代人的精神。

子曰："视其所以，观其所由，察其所安。人焉廋哉？人焉廋哉？"

——《论语·为政篇第二》

〔注 释〕

以：做，拿，用。

所以：所做的事。

由：经由，来历，经历。

所由：过去的经历。

安：安心。

廋：隐蔽，藏匿。

哉：表示疑问语气。

〔译 文〕

孔子说："了解一个人看他的所作所为，考察他的过往经历，观察他的秉性习惯。这个人怎能隐藏得了呢？这个人怎能隐藏得了呢？"

〔今 悟〕

社会是由人组成的，对于人的认识、对于人的行为的研究是人类社会的重要课题。从行为学的角度来看，人的行为是生命的体现，生命是由人的躯体和思想构成的，而思想又是由性格和知识来表现

勞先食。安謂此爲孝乎。未孝也。承順父母顏色。乃爲孝也。〔曾〕音增

子曰。吾與回言。終日不違如愚。孔曰。回。弟子。姓顏。名回。字子淵。魯人也。不違者。無所怪問於孔子之言。默而識之如愚。退而省其私。亦足以發。回也不愚。孔曰。察其退還與二三子說釋道義。發明大體。知其不愚。

子曰。視其所以以。用也。言視其所行用觀其所由由。經也。言觀其所經從察其所安。人焉廋哉。人焉廋哉。孔曰。廋。匿也。言觀人終始。安所匿其情。〔焉〕於虔反〔廋〕所留反

子曰。溫故而知新。可以爲師矣溫。尋也。尋繹故者。又知新者。可以爲師矣

子曰。君子不器

的。人的性格是与生俱来的，包括欲望、情感、意志等；人的知识是后天修成的，包括习俗、学识、技艺等。《论语》中专门记载了孔子关于如何识人的论述。“视其所以，观其所由，察其所安。人焉廋哉？人焉廋哉？”这可以认为是识人的智慧，或者说是识人的方法。孔子提出既要考察人的言行和经历，同时也要观察人的秉性和习俗，这与现代行为学原理如出一辙。在现代社会生活中，无论是工作共事，还是生活交友，始终绕不开识人识面、知人知心的问题，识人的重要性由此可见一斑。

子曰：“温故而知新，可以为师矣。”

——《论语·为政篇第二》

〔注 释〕

温：温习，复习。

故：旧时，从前。

师：老师。

矣：与“了”相同。

〔译 文〕

孔子说：“经常温习旧的知识和经历，可以从中获得新的启发，就可以做老师了。”

〔今 悟〕

千百年来，“温故而知新”这句名言的影响力极大，传播面极广，适用性极强。它告诉人们经常温习旧有的知识和道理，时常回忆过往的经验和教训，可以从中获得新的启迪，可以趋利避害、兴利除弊。对于一个人、一个团体如此，对于一个民族、一个国家亦然。以社会历史观的思维来解读，“温故而知新”，可以理解为以史为镜，开创未来。这面镜子就是历史经验，就是兴衰规律，就是未来之路。中国自 1978 年实行划时代的改革开放以来，经过数十载光阴，从一个贫穷落后的国家发展成为世界第二大经济体，其取得历史性巨变、创造人类奇迹的法宝就是：改革开放，创新发展。温改革开放之故，知创新发展之新，乃国家长盛不衰、兴旺发达之师。

子曰："君子不器。"

——《论语·为政篇第二》

〔注 释〕

君子：古时有两解：一是指人格高尚、道德品行兼好之人；二是指社会地位高的人或统治者。此句中指后者。

器：容器，器物，器形，器量。

〔译 文〕

孔子说："君子不会受器量的限制。"

〔今 悟〕

关于"君子不器"有多种解读，其差异在于对"器"的认识。一是器形说，容器是有形状的，但君子不会拘泥于对器形表象的认识，而会探究事物背后的本质；二是器物说，容器作为一种器物是有功用的，但君子不会拘泥于器物的一般功用，而会发挥其更大更多的作用；三是器量说，容器是有容量的，但君子不会受容量的局限，而会具有超过常规的器量。如果将"君子"二字与"器"字相联系，再考虑孔子的思想脉络，器量说似乎更为贴切，即君子志向远大，器量无限。用当代的话来讲，器量即格局。

据此，“君子不器”之意可以解读为君子有大格局。何为格局？格局就是眼界、胸襟和思想。何为君子有大格局？一言以蔽之，就是君子的眼界开阔、胸襟宽广、思想解放。

包曰。器者各周其用。至於君子。無所不施。

子貢問君子。子曰。先行其言。而後從之。孔曰。疾小人多言而行之不周。

子曰。君子周而不比。小人比而不周。孔曰。忠信爲周。阿黨爲比。比毗志反。下同

子曰。學而不思則罔。包曰。學不尋思其義。則罔然無所得。思而不學則殆。不學而思。終卒不得。徒使人精神疲殆。

子曰。攻乎異端。斯害也已。攻。治也。善道有統。故殊途而同歸。異端不同歸也。

子曰。由。誨女知之乎。孔曰。弟子。姓仲。名由。字子路。女音汝。後可以意求之知之爲知之。不知爲不知。是知也。

子張學

子曰："君子周而不比，小人比而不周。"

——《论语·为政篇第二》

［注 释］

君子：古时有两解：一是指人格高尚、道德品行兼好之人；二是指社会地位高的人或统治者。此句中指前者。

周：团结。

比：勾结。

小人：道德水准低下、见识狭窄的人。

［译 文］

孔子说："品格高尚的人能够团结而不会勾结，品格低下的人能够勾结而不会团结。"

［今 悟］

在儒家学说中，君子与小人是两个十分重要的概念。何为君子？何为小人？《古代汉语词典》将君子解释为统治者和贵族男子，也泛指德才出众的人；将小人解释为社会地位低下的人，人格卑鄙的人，见识浅窄的人。纵观《论语》全文，其中使用君子与小人的概念不外乎三种情形，即以社会地位高低而论，以道德水准高下而论，以眼界见识宽狭而论。《论语》行文至此句，开启了关于君子与小人的对照论述。“君子周而不比，小人比而不周”，根据儒家思想可以引申理解为：品格高尚之人的交友原则是重道义、讲忠信，君子之间不会为了获取利益而相互勾结；品格低下之人的交友原则是重利益、拉圈子，小人之间为了谋取利益而相互勾结。孔子用极简短的话辨析了君子与小人处世方式的不同，并引申出了道义与利益的问题。这不由得使人联想起两句话：“广积德，慎交友。”“广交友，慎结盟。”这两句话中的“广”与“慎”也提出了交友原则。第一句话告诫人们，多做好事，谨慎交友，不要因为交友不慎而犯下错误；第二句话告诫人们，广泛团结合作，谨慎结盟，不要因为参加小圈子而阻碍事业发展。这两句话从不同角度回应了孔子关于交友原则的论断，耐人寻味，令人思量。

子曰："学而不思则罔，思而不学则殆。"

——《论语·为政篇第二》

〔注 释〕

罔：迷惑，迷惘。

殆：危险，疑惑。

〔译 文〕

孔子说："只学习不思考就会迷惑而无收获，只思考不学习就会没有知识基础而出现偏差。"

〔今 悟〕

"学而不思则罔，思而不学则殆"深刻阐释了学与思的作用和关系。学即学习，就是多闻博识，广晓天文地理、万邦文化；思即思考，就是格物致知，探寻事物本质、世间道理。学乃源头活水，思乃江河奔流。学习且思考，可以举一反三，事半功倍，所学就实，所记就牢；思考且学习，可以有的放矢，深入浅出，所思就广，所想就远。学习与思考相辅相成、相得益彰，缺一不可。勤学好思，学思相彰，乃成就人生的重要路径。

子曰：“人而无信，不知其可也。大车无輗，小车无軏，其何以行之哉？”

——《论语·为政篇第二》

〔注 释〕

而：如果。

信：信用，信誉。

輗、軏：古代用牛拉的车叫大车，用马拉的车叫小车。两者都要把牲口套在车辕上。车辕前面有一道横木，就是驾牲口的地方。那横木，大车上的叫作鬲，小车上的叫作衡。鬲、衡两头都有关键（活销），輗是鬲的关键，軏是衡的关键。车子没有它们就无法套住牲口，自然也就无法行驶。

〔译 文〕

孔子说：“人如果没有信用，不知道还可以做什么。就像大车没有輗，小车没有軏，如何能行驶？”

〔今 悟〕

读罢“人而无信，不知其可也。大车无輗，小车无軏，其何以行之哉”，可以知晓孔子用了一个通俗而形象的比喻，讲述了一个尽人皆知的道理：人如果没有“信用”将一事无成。孔子以此言说明“信用”这人生于世最基本的品德，在儒家思想中的分量何其沉重。联想到现代社会生活，如何使“守信”成为自觉？又如何使“失信”寸步难行？其结论只能是双管齐下，别无他法。一是教化，通过家庭、学校和社会教育，使之深入人心，融入血液；二是管理，施以法令和法制约束，使人敬畏于心，畏惧于身。

論語卷第二

八佾第三

孔子謂季氏八佾舞於庭。是可忍也。孰不可忍也。馬曰。孰。誰也。佾。列也。天子八佾。諸侯六卿大夫四。士二。八人爲列。八八六十四人。魯以周公故。受王者禮樂。有八佾之舞。季桓子僭於其家廟舞之。故孔子譏之。佾音逸

三家者以雍徹。馬曰。三家。謂仲孫叔孫季孫。雍。周頌臣工篇名。天子祭於宗廟。歌之以徹祭。今三家亦作此樂。雍於容反。徹直列反

子曰。相維辟公。天子穆穆。奚取於三家之堂。包曰。辟公。謂諸侯及

《论语》十卷，魏何晏集解，明末清初常熟毛氏汲古阁影抄元岳氏荆谿家塾刻本

论语

○

八佾篇第三

孔子谓季氏：“八佾舞于庭，是可忍也，孰不可忍也？”

——《论语·八佾篇第三》

〔注 释〕

谓：告诉，对……说。

佾：古代乐舞的行列，一行八个人叫一佾。

是：这。

忍：容忍，忍心。

孰：什么。

〔译 文〕

孔子谈论到季平子时说：“他竟然敢违背周礼，在自家庭院里用六十四人奏乐舞蹈，如果这等事都忍心做，还有什么事不忍心做呢？”

〔今 悟〕

汉语成语“是可忍，孰不可忍”源于《论语》，但其含义与原意已相去甚远。孔子的原意为，如果这等事都忍心做，还有什么事不忍心做呢？而现今使用这个成语的意思是，事情已经恶劣到了让人绝不能容忍的地步。在我国对于“忍”字的解读和运用不胜枚举。著名的有，春秋战国时期《论语》云：“小不忍，则乱大谋。”宋代《省心录》云：“诚无悔，恕无怨，和无仇，忍无辱。”宋代《省心杂言》云：“屈己者能处众，好胜者必遇敌。”明代《醒世恒言》云：“事不三思终有悔，人能百忍自无忧。”同是明代的《增广贤文》云：“忍一句，息一怒，饶一着，退一步。”写于1961年的《燕山夜话》云：“君子忍人之所不能忍，容人之所不能容，处人之所不能处。”另有谚语云：“忍一时风平浪静，退一步海阔天空。”“忍为高，忍为高，忍字心头一把刀。”可见在国人的思维中，区区一个“忍”字蕴含着大学问。在生死挑战面前，忍耐绝非怯弱无能、缺乏血性，也非忍气吞声、绥靖苟安，而是经受凤凰涅槃、浴火重生般的考验和磨炼，非智者、强者不可以为之。特别是处于劣势和被动的境遇时，面对生死攸关的巨大压力，唯有忍辱负重，卧薪尝胆，不屈不挠，刚柔并济，假以时日其难题难症才能迎刃而解，其困局危局才能不攻自破。

二王之後。穆穆。天子之容貌。雍篇歌此者。有諸侯及二王之後來助祭故也。今三家但家臣而已。何取此義。而作之於堂邪。○相息亮反 辟必亦反 子曰。人而不仁。如禮何。人而不仁。如樂何 包曰。言人而不仁。必不能行禮樂 林放問禮之本 鄭曰。林放。魯人 子曰。大哉問。禮與其奢也寧儉。喪與其易也寧戚 包曰。易。和易也。言禮之本意失於奢。不如儉。喪失於和易。不如哀戚。○易以豉反 子曰。夷狄之有君。不如諸夏之亡也。包曰。諸夏。中國。亡。無也。○亡文公云。古無字 季氏旅於泰山。子謂冉有曰。女弗能救與。馬曰。旅。祭

子曰："人而不仁，如礼何？人而不仁，如乐何？"

——《论语·八佾篇第三》

〔注 释〕

仁：仁爱，仁德。

礼：礼节规范，礼义（同礼仪）。

乐：音乐，舞蹈，也是礼的一部分。

〔译 文〕

孔子说："一个人没有仁德，怎么能施行礼仪呢？一个人没有仁德，怎么能运用音乐呢？"

〔今 悟〕

"人而不仁，如礼何？人而不仁，如乐何"，孔子在这里提出了"仁"和"礼乐"的概念，以及二者的相互关系。仁即仁爱、仁德，是孔子思想体系的核心内容，是儒家关于社会政治和伦理道德的标准。礼乐即礼节规范和音乐、舞蹈，是人内心道德情感——仁德的外在表达。我国古代的礼乐文明自西周时期形成并完备起来，将其推而行之的目的在于使人修身养性，谦和知礼，威仪有序，进而维护社会的秩序与和谐。儒家认为，没有仁德就谈不上什么礼乐，没有礼乐也谈不上什么国家稳定、社会和谐。据此，博学于文，心怀于仁，合乎于礼，欣荣于乐，可以作为衡量一个人修养、情操和境界的标准，也可以作为判别一个社会和谐、稳定和繁荣的依据。山高人为峰，厦稳仁是基。执念于此便可以实现礼序乾坤，乐和天地，礼乐兴盛，国泰民安。

子曰："君子无所争。必也射乎！揖让而升，下而饮。其争也君子。"

——《论语·八佾篇第三》

〔注 释〕

君子：古时有两解：一是指人格高尚、道德品行兼好之人；二是指社会地位高的人或统治者。此句中指前者。

射：射箭。

揖：拱手行礼。

饮：饮酒。

〔译 文〕

孔子说："君子之间没有什么可争的。如果有的话也就是比赛射箭吧！比赛前相互作揖而后才上场，比赛后又共同饮酒。这样的竞争是君子之争。"

〔今 悟〕

"君子无所争。必也射乎！揖让而升，下而饮。其争也君子。"此番话揭示了孔子的君子尚礼思想。北京方言中有个词叫作"局器"，其大意为：讲规矩，讲礼道，讲义气。这与孔子的君子尚礼思想一脉相承，体现了儒家倡导的"仁者爱人，有礼者敬人"理念。尚礼是一种行为，局器更是一种风范，两者名也。禮諸侯祭山川在其封內者。今陪臣祭泰山。非禮也。冉有。弟子冉求。時仕於季氏。救猶止也。與音餘對曰不能子曰嗚呼曾謂泰山不如林放乎包曰。神不享非禮。林放尚知問禮。泰山之神。反不如林放邪。欲誣而祭之。曾則登反。則也子曰君子無所爭必也射乎孔曰言於射而後有爭揖讓而升下而飲王曰。射於堂升及下。皆揖讓而相飲。○飲於鴆反。又如字其爭也君子馬曰。多筭飲少筭。君子之所爭子夏問曰巧笑倩兮美目盼兮素以爲絢兮何謂也馬曰。倩笑貌。盼動目貌。絢文貌。上二句在衛風碩人之二章。其下一句逸也。

都是君子之道的具体表现。但无论是尚礼行事，还是局器做人，都须建立在自尊、自量、平等、相敬、友好的基础之上，都应是有原则、有条件的，既不能因为想充当谦谦君子而毫无原则地曲意逢迎，也不可因为爱慕虚荣而不顾条件地礼让厚待。

愛其禮包曰。羊存猶以識其禮。羊亡禮遂廢子曰。事君盡禮。人以爲諂也孔曰。時事君者多無禮。故以有禮者爲諂。盡津忍反定公問君使臣。臣事君。如之何孔曰。定公。魯君諡。時臣失禮。定公患之。故問之孔子對曰。君使臣以禮。臣事君以忠。子曰。關雎樂而不淫。哀而不傷孔曰。樂不至淫。哀不至傷。言其和也。樂音洛哀公問社於宰我。宰我對曰。夏后氏以松。殷人以柏。周人以栗。曰使民戰栗孔曰。凡建邦立社。各以其土所宜之木。宰我不本其意。妄爲之說。因周用栗。便云使民戰栗

子曰："《关雎》，乐而不淫，哀而不伤。"

——《论语·八佾篇第三》

〔注 释〕

《关雎》：中国古代第一部诗歌总集《诗经》的第一首诗，被认为是描写男女恋爱的情诗。

淫：过分，无节制。

〔译 文〕

孔子说："《关雎》这首诗欢乐而不放纵，哀怨而不悲痛。"

〔今 悟〕

"关关雎鸠，在河之洲。窈窕淑女，君子好逑……"孔子对中国古代第一部诗歌总集《诗经》的第一首诗《关雎》的评价是："乐而不淫，哀而不伤。"读罢感悟有三：其一，居中守正。孔子认为，可以哀乐，但不可以过分哀乐，这体现了中正而尊德的中庸之道思想。其二，中和之美。就诗歌的审美而言，《关雎》刚柔相济，情感适度，展示出了典雅中和的美学特征。其三，美善合一。儒家文化强调从人的内心去体验伦理道德精神，即向善的人文精神。善是道德行为，美的表现形式之一是艺术。《关雎》把体现善良的爱恋之情通过诗歌这一美的艺术形式表现出来，实现了美善合一。而美善合一正是孔子推崇的礼乐文明的最高境界。

态度，运用“既往不咎”的策略，既可以处理好人与人之间的关系，也可以解决好国与国之间的矛盾。营造和谐共处、和平友好的氛围与环境，需要博大胸怀，需要深谋远虑，需要策略方法，有时甚至需要忍辱负重。

子谓《韶》："尽美矣，又尽善也。"

——《论语·八佾篇第三》

［注 释］

《韶》：中国古代乐曲，传说产生于舜时期的舞乐。

矣：语气词。

善：好，很好。

也：语气词。

［译 文］

孔子评价《韶》："音乐美极了，内容也好极了。"

［今 悟］

"尽美矣，又尽善也"是孔子对乐曲《韶》的评价。从字面上理解尽善尽美的意思是说，事物完善极了，美好极了，完美到了没有丝毫缺陷的地步。从中华传统文化层面来了解尽善尽美的含义，则可以得到更深入的认识。崇美尚善是中华传统文化的本质特征，也是中华古典美学的审美标准。在儒家思想中，善与美具有很重的分量，善是道德品质和人文精神，美是对善的心理感受和艺术表现形式。善为仁表，美为善形，美善合一，美善相宜。在现代社会，真善美是人类的共同追求，但假恶丑现象依然存在。正如《道德经》所言："天下皆知美之为美，斯恶已。皆知善之为善，斯不善已。"老子表达的意思是：天下人都能认知美，那么丑的概念就产生了；天下人都能认知善，那么恶的概念就出现了。从辩证法的观点看，有真善美，必有假恶丑，真善美与假恶丑是共存同在的。如何让真善美的阳光照亮世间每一个角落，温暖世上每一个人的心灵，是人类社会发展实践需要回答和证明的。

未盡善子曰。居上不寬。爲禮不敬。臨喪不哀。吾何以觀之哉

里仁第四

子曰。里仁爲美鄭曰。里者人之所居。居於仁者之里。是爲美擇不處仁。焉得知鄭曰。求居而不處仁者之里。不得爲有知。〔處〕昌呂反。後不音者同〔焉〕於虔反〔知〕音智。下同子曰。不仁者不可以久處約孔曰。久困則爲非不可以長處樂。孔曰。必驕佚〔樂〕音洛仁者安仁包曰。唯性仁者。自然體之。故謂安仁知者利仁王曰。知仁爲美。故利

里仁

《论语》十卷，魏何晏集解，明末清初常熟毛氏汲古阁影抄元岳氏荆谿家塾刻本

论语

里仁篇第四

子曰："里仁为美。择不处仁，焉得知？"

——《论语·里仁篇第四》

〔注 释〕

里：家乡，乡里，里弄，居住地。

仁：仁爱，仁德。

处：住，居住。

知：通"智"，聪明，智慧。

〔译 文〕

孔子说："居住地有仁德风尚是美好的。如果所选择的居住地缺乏仁德之风，怎么能说是明智呢？"

〔今 悟〕

自古以来，游牧民族逐水草而居，农耕民族择水便田良之地而栖。现代人则选择生态环境优美、交通条件便捷、商业服务等资源近便之地安居。这都应了老子《道德经》"居善地"之言，即选择环境良好、适合生产生活的地方居住。孔子在《论语》中又提出了"里仁为美，择不处仁，焉得知"的告诫，言下之意就是选择居住地不仅要注重便于生产生活的自然环境，而且还要求人文环境上佳、仁德风气上好。可见，从《道德经》“居善地”的朴素要求，到《论语》“里仁为美”的更高追求，择居标准实现了升华。历史上有“孟母三迁”的故事，有晋《太子少傅箴》“近朱者赤，近墨者黑”的教谕，都体现出中华传统文化对于居住地的人文环境极为重视。自然环境可以养育、磨炼和造就人，人文环境可以熏陶、培养、成就人。居善地，读好书，交益友，这是中华民族自古以来的择居、读书、交友的标准和追求，这对于今人后辈仍然具有教益。

而行之

子曰：唯仁者能好人，能惡人。孔曰：唯仁者能審人之好惡。好呼報反，惡烏路反，下之所惡同。

子曰：苟志於仁矣，無惡也。孔曰：苟，誠也。言誠能志於仁，則其餘終無惡。惡如字，又烏路反。

子曰：富與貴，是人之所欲也，不以其道得之，不處也。孔曰：不以其道得富貴，則仁者不處。貧與賤，是人之所惡也，不以其道得之，不去也。時有否泰，故君子履道而反貧賤，此則不以其道而得之，雖是人之所惡，不可違而去之。君子去仁，惡乎成名？孔曰：惡乎成名者，不得成名爲君子。惡音烏。君子無終食之間違

子曰："唯仁者能好人，能恶人。"

——《论语·里仁篇第四》

〔注 释〕

好：喜欢，喜好。恶：厌恶，不喜欢。

〔译 文〕

孔子说："只有讲仁德的人，才能够懂得如何喜爱某人、厌恶某人。"

〔今 悟〕

读过"仁者能好人，能恶人"，可以深切地感悟到在孔子心目中真正仁者的情操之高、品德之端是常人所难企及的。孔子这句话的详解是：真正有仁德情操的人，能够明辨是非，可以做到客观理性地喜欢这个人的优点，同时厌恶这个人的缺点。正如《礼记·中庸》所云："爱而知其恶，憎而知其善。"人是有情感、有偏好、有私心的。当对待与自己利益相关的人和事时，在情感、偏好和私心的作祟下，能够黑白分明不易，做到客观公正更难。于是就有了"颠倒是非"之说，就有了"实事求是"之论。

子曰：“苟志于仁矣，无恶也。”

——《论语·里仁篇第四》

〔注 释〕

苟：假设，如果。

志：立志，志向。

恶：坏，不好。

〔译 文〕

孔子说：“如果一个人有志追求仁德，那么就不会去做坏事了。”

〔今 悟〕

“苟志于仁矣，无恶也”，表面上的意思是教人立志于仁，行事于善。从更深的层面可以理解为“知行合一”，即认知与行动的一致性。其中的“知”是指人的道德意识，“行”是指人的实际行动。有什么样的意识、动机和情怀，就会在其驱使下有什么样的行为。正如人们常说的志当存高远，行当积履践。如果矢志追求真善美，那么就坚定杜绝假恶丑。

子曰："富与贵，是人之所欲也，不以其道得之，不处也；贫与贱，是人之所恶也，不以其道得之，不去也。"

——《论语·里仁篇第四》

〔注 释〕

欲：想要得到，需要。

恶：厌恶，不喜欢。

道：途径，方法，措施，引申为正道。

处：占据，据有，引申为接受。

去：除去，去掉，摆脱。

〔译 文〕

孔子说："金钱和地位是人们所追求的，但用不道德的手段得到它，君子是不会接受的；贫困和卑贱是人们所厌恶的，但不用正当的办法消除它，君子也是不会摆脱的。"

〔今 悟〕

孔子并不避讳谈论人们对金钱和地位的欲望、对贫困和卑贱的厌恶，他在意的是人们如何得到金钱和地位、如何摆脱贫困和卑贱。"富与贵，是人之所欲也，不以其道得之，不处也；贫与贱，是人之所恶也，不以其道得之，不去也”，读罢可以使人清楚地知晓，虽然“君子爱财，取之有道”这一至理名言出自明代著名的儿童启蒙之作——《增广贤文》，但其思想根源于春秋战国时期的儒学经典——《论语》。这是否颠覆了人们对儒家学说只讲仁义礼智信，而不谈功名利禄、富贵贫贱的认知呢?

子曰："人之过也，各于其党。观过，斯知仁矣。"

——《论语·里仁篇第四》

〔注 释〕

过：过失，错误。

党：类别。

观：观察，考察。

斯：那么，就。

仁：同"人"。

〔译 文〕

孔子说："你会犯什么样的错误，说明你是什么样的人。仔细考察某人所犯的错误，就可以知道他是什么样秉性和习性的人。"

〔今 悟〕

读罢"人之过也，各于其党。观过，斯知仁矣"，感悟有三：其一，金无足赤，人无完人。早在两千多年前，孔子就已经认识到每个人都会有"人之过也"。是的，人非圣贤，孰能无过？其二，人之过皆因秉性和习性使然。人的行为方式或行为过失是由其秉性和习性所决定的，也就是孔子所言"各于

之見

子曰人之過也各於其黨觀過斯知仁矣孔曰黨黨類小人不能爲君子之行非小人之過當恕而勿責之觀過使賢愚各當其所則爲仁矣

子曰朝聞道夕死可矣言將至死不聞世之有道

子曰士志於道而恥惡衣惡食者未足與議也

子曰君子之於天下也無適也無莫也義之與比適丁歷反莫武博反鄭音慕無所貪慕也比毗志反

子曰君子懷德孔曰懷安也小人懷土孔曰重遷君子懷刑孔曰安於法小人懷惠包曰惠恩惠

子曰放於利而行孔曰放依

其党”。秉性是人的性格本性，这是由先天因素决定的。人类对于性格本性的研究，有源于西方的星座学，有源于我国汉族民俗信仰的生辰八字学，还有对血型的分析等，这些研究都是分析先天因素对于人的秉性形成的影响。而习性则是后天因素所决定的，是人长期在某种自然条件下和社会环境中经过学习而形成的行为特性。其三，后天习性可以弥补先天秉性的不足。尽管江山易改，禀性难移，但通过教育、培训和读书等方式，可以培育和养成良好习性，以弥补先天秉性的缺陷和不足，实现人的不断完善。例如，见识狭窄的人可以通过读书来开阔视野，性情急躁的人可以通过心理磨炼教育放缓心性，生性怯懦的人可以通过意志抗压训练变得坚毅勇敢……

子曰："朝闻道，夕死可矣。"

——《论语·里仁篇第四》

〔注 释〕

道：此为仁德、仁义之道。

闻：得知，听到，懂得。

〔译 文〕

孔子说："早上明白了仁德的道理，晚上为它死去也可以。"

〔今 悟〕

"朝闻道，夕死可矣"是《论语》揭示的极致人生态度——为追求信仰而不惜牺牲生命。显然，这其中的"道"不是一般的道理。在道家思想中，"道"是天规之道，是宇宙规律、自然法则；在儒家思想中，"道"是仁德之道，是最高境界；在人类现实生活中，"道"是世间大道，事关社会进步和人类福祉。为追求理想和信仰，杀身而成仁，舍生而取义，忘身而殉道，如此至诚至极的精神，有品格有血性的行为，古今中外不乏其例，而孔子"朝闻道，夕死可矣"之说开创了理论先河。

子曰：“君子之于天下也，无适也，无莫也，义之于比。”

——《论语·里仁篇第四》

〔注 释〕

君子：古时有两解：一是指人格高尚、道德品行兼好之人；二是指社会地位高的人或统治者。此句中指前者。

适：适应，顺从。

莫：没有什么。

义：合宜的，合道义的，公正合理的。

比：挨着，靠拢，为邻。

〔译 文〕

孔子说：“君子对于天下的事，没有规定一定要怎么做，也没有规定一定不要怎么做，只要考虑怎么做才合乎道义就行了。”

〔今 悟〕

中国古代圣人之言不仅蕴含着聪明智慧，而且具有鲜明价值观。据《道德经》载，老子曰“道常无为而无不为”，大意是无为并不是不为，而是不乱为，不妄为，不折腾，须遵循自然规律这个道而为；据《管子》载，管子曰“顺天者有其功，逆天者怀其凶”，大意为欲成功者须顺应民心民意这个天而为，悖逆民心民意这个天就难有好下场；据《论语》载，子曰“君子之于天下也，无适也，无莫也，义之于比”，其意为凡事没有一定之规，只要合乎仁爱道德这个义就可以为。尽管古代至圣先贤的思想主张不同，所论述的事物各异，但都体现了明确的价值取向和行为准则，都具有春风化雨、指点迷津的作用。先人的至理正论不可不闻不问，不可不遵不循。

子曰："君子怀德，小人怀土；君子怀刑，小人怀惠。"

——《论语·里仁篇第四》

〔注 释〕

君子：古时有两解：一是指人格高尚、道德品行兼好之人；二是指社会地位高的人或统治者。此句中指前者。

怀：思，想，怀念，关心。

小人：道德水准低下、见识狭窄的人。

土：土地，田地。

刑：刑法，法度。

惠：恩惠，实惠。

〔译 文〕

孔子说："君子注重的是行为品德，小人关心的是田地财产；君子考虑的是遵守法度，小人心想的是获得实惠。"

〔今 悟〕

《论语》行文至此句，孔子再次将君子与小人进行比照论述。"君子怀德，小人怀土；君子怀刑，小人怀惠"，孔子明确指出由于君子与小人的道德水准不同，因而产生了"怀德"与"怀土"、"怀刑"

与“怀惠”的不同价值取向。但这只是两者不同的表面现象，孔子论述的深层含义是什么呢？孔子反复比照论述君子与小人之异的深刻意义在于：教人崇尚君子，鄙弃小人，行君子之道，弃小人之操。

子曰："君子喻于义，小人喻于利。"

——《论语·里仁篇第四》

〔注 释〕

君子：古时有两解：一是指人格高尚、道德品行兼好之人；二是指社会地位高的人或统治者。此句中指前者。

喻：明白，通晓。

义：道义。

小人：道德水准低下、见识狭窄的人。

利：利益。

〔译 文〕

孔子说："君子懂得的是道义，小人懂得的是利益。"

〔今 悟〕

仁、义、礼、智、信、恕、忠、孝、悌构成了儒家思想的主要内容。其中，义在儒家思想中占有重要地位，可以解释为道义或价值观。"君子喻于义，小人喻于利"，这是《论语》中流传极广的名句。它讲述了"君子"与"小人"、"义"与"利"两组相对的概念。在此，孔子指出仁人君子以道义为重，鄙陋小人则看重利益。但是孔子并没有否认利也。每事依利而行。〔放〕方往反多怨孔曰。取怨之道子曰。能以禮讓爲國乎。何有何有者。言不難也不能以禮讓爲國。如禮何包曰。如禮何者。言不能用禮子曰。不患無位。患所以立。不患莫己知。求爲可知也包曰。求善道而學行之。則人知己子曰。參乎。吾道一以貫之。曾子曰。唯孔曰。直曉不問。故荅曰唯。〔參〕所金反子出。門人問曰。何謂也。曾子曰。夫子之道。忠恕而已矣忠以事上。恕以接下。本一而已。其唯人也子曰。君子喻於義。小人喻於利孔曰。喻猶曉也子益的存在，也没有要求人们摒弃利益，只是在论述中将小人与利益联系在了一起。孔子似乎在教人崇尚君子，鄙视小人；教人重道义，轻利益。这在一定程度上反映出了儒家的义利观。现代社会生活中，义与利都是客观存在的，也是缺一不可的，有时两者还可以相互转换和替代。比方说，政府实行广泛就业政策，于社会而言就是义，而于就业者个人而言则是利；再比如说，一个社会实行教育和养老等福利制度，于宏观而言就是义，而于微观而言则是利。义利观是人们对待道义和利益的基本态度，是每个国家、每个社会、每个团体和每个人必须直接面对并作出选择的。重义还是取利，在这两者之间绝不应该是简单地做选择题。要做到义利双收，不仅应秉持儒家倡导的“不义而富且贵，于我如浮云”、“君子爱财，取之有道”的理念，而且还应秉持现代社会的法律条规和商业准则的契约精神。如此就可以实现义字当头，利在其中，行大义，获大利。

曰見賢思齊焉包曰思與賢者等見不賢而內自省也子曰事父母幾諫包曰幾者微也當微諫納善言於父母見志不從又敬不違勞而不怨包曰見志見父母志有不從己諫之色則又當恭敬不敢違父母意而遂己之諫子曰父母在不遠遊遊必有方鄭曰方猶常也子曰三年無改於父之道可謂孝矣鄭曰孝子在喪哀慼思慕無所改於父之道非心所忍爲此章與學而篇同當是重出學而是孔注今此是鄭注本或二處皆有集解或有無者子曰父母之年不可不知也一則以喜一則以

子曰："见贤思齐焉，见不贤而内自省也。"

——《论语·里仁篇第四》

〔注　释〕

贤：善，好，有德有才的人。

齐：等同，一样。

〔译　文〕

孔子说："遇见贤人，就应该向他看齐；遇见不贤的人，就应该对照反省自己。"

〔今　悟〕

"见贤思齐焉，见不贤而内自省也"是著名成语"见贤思齐"的词源。明白此话之意之理，将受益匪浅。孔子的意思是教人向贤人、善人、高人学习，学为仁，学遵礼，学守信，学多闻……近朱者赤，近墨者黑。人生中与谁为伍、与谁共舞十分要紧，这将会影响人的毕生，影响功业成败，影响生活苦乐。见贤思齐，向风慕义，师从高手，乐与知己。

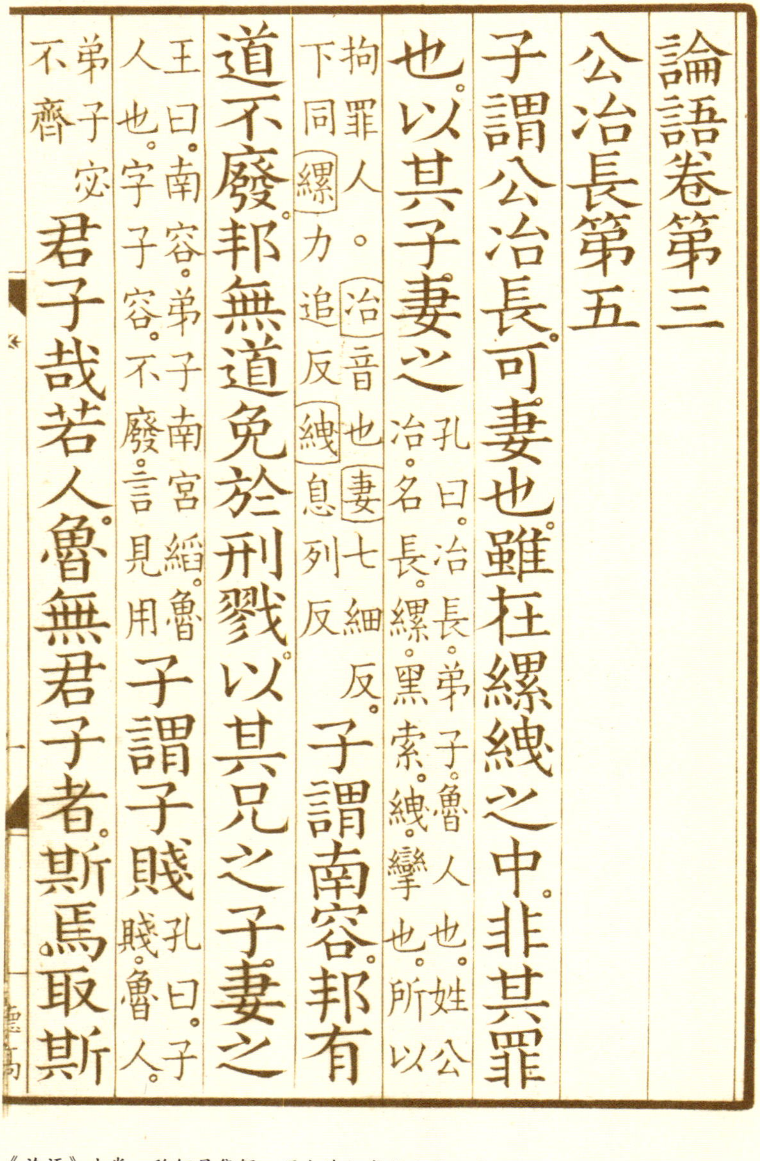

論語卷第三

公冶長第五

子謂公冶長可妻也雖在縲絏之中非其罪也以其子妻之（孔曰冶長弟子魯人也姓公冶名長縲黑索絏攣也所以拘罪人○冶音也妻七細反下同縲力追反絏息列反）

子謂南容邦有道不廢邦無道免於刑戮以其兄之子妻之（王曰南容弟子南宮縚魯人也字子容不廢言見用）

子謂子賤（孔曰子賤魯人弟子宓不齊）君子哉若人魯無君子者斯焉取斯

《论语》十卷，魏何晏集解，明末清初常熟毛氏汲古阁影抄元岳氏荆谿家塾刻本

论语

公冶长篇第五

寢。包曰。宰予。弟子宰我。〔予〕羊汝反。或音餘。子曰。朽木不可彫也。包曰。朽。腐也。彫。彫琢刻畫。糞土之牆不可圬也。王曰。圬。鏝也。此二者。喻雖施功猶不成也。〔圬〕音烏。於予與何誅。孔曰。誅。責也。今我當何責於女乎。深責之。〔與〕音餘。下同。子曰。始吾於人也。聽其言而信其行。今吾於人也。聽其言而觀其行。於予與改是。孔曰。改是聽言信行。更察言觀行。發於宰我之晝寢。〔行〕下孟反。子曰。吾未見剛者。或對曰。申棖。包曰。申棖。魯人。〔棖〕直庚反。子曰。棖也慾。焉得剛。孔曰。慾。多情慾。子貢曰。我不欲人

子曰："朽木不可雕也，粪土之墙不可杇也。"

——《论语·公冶长篇第五》

〔注 释〕

雕：同"彫"，刻镂。

杇：粉刷。

〔译 文〕

孔子说："腐朽的木头不堪雕刻，粪土砌成的墙不堪粉刷。"

〔今 悟〕

"朽木不可雕也，粪土之墙不可杇也"讲的是一个常识性道理，用以形容"朽木"和"粪土之墙"不堪大用，不可救药。现今多被用来责叹后生晚辈，恨其不争，怒其不成。《庄子·知北游》中有句话是"臭腐复化为神奇"，这就是人们通常用的成语"化腐朽为神奇"。能否变腐为鲜、变废为宝、变有形为无形？这既是辩证法和系统论问题，也是实际操作能力问题。在西医尚未传入中国之前的千百年中，人类文明的瑰宝——中华传统医学运用辩证法和整体观，利用中草药、针灸等手段调养身体、治疗疾病、挽救生命，保障了中华民族繁衍生息，创造了诸多化腐朽为神奇的事例。欲化腐朽为神奇，需要运用辩证和系统的思维方法，需要有不拘一格的创新精神，也需要经历持之以恒的摸索累积。

子曰："始吾于人也，听其言而信其行；今吾于人也，听其言而观其行。"

——《论语·公冶长篇第五》

〔注 释〕

始：当初，起初。吾：我。

〔译 文〕

孔子说："起初，我看待一个人，听他说什么就信什么；现在我看待一个人，不仅听他怎么说更要看他怎么做。"

〔今 悟〕

"始吾于人也，听其言而信其行；今吾于人也，听其言而观其行"可以说是经验之谈、实践出真知，是颠扑不破的真理。孔子的言外之意是教人言行一致、说到做到，而非言行不一、口是心非。深入思考孔子的这番话，可否在听其言、观其行的基础上，进一步解其心、究其境呢？言行的背后是人的心性，是人对所处环境的反映。有时心性使然会令人吐露由衷之言，有时环境使然也会令人违心言不由衷。

之加諸我也。吾亦欲無加諸人馬曰。加。陵也子曰。賜也。非爾所及也孔曰。言不能止人。使不加非義於己子貢曰。夫子之文章。可得而聞也章。明也。文彩形質著見。可以耳目循夫子之言性與天道。不可得而聞也性者。人之所受以生也。天道者。元亨日新之道。深微。故不可得而聞也子路有聞。未之能行。唯恐有聞孔曰。前所聞未及行。故恐後有聞不得竝行子貢問曰。孔文子何以謂之文也孔曰。孔文子。衞大夫孔圉。文。謚也子曰。敏而好學。不恥下問。是以謂之文也

子贡问曰："孔文子何以谓之'文'也？"子曰："敏而好学，不耻下问，是以谓之'文'也。"

——《论语·公冶长篇第五》

〔注 释〕

子贡：复姓端木，名赐，字子贡。春秋末年卫国、鲁国丞相。儒商祖，孔子得意门生。

谓：叫作，称为。

敏：勤勉，勤奋，勤快。

耻：羞耻。

〔译 文〕

子贡问道："孔文子凭什么获得'文'的谥号呢？"孔子回答说："他聪明勤勉，求知好学，不以向比他地位低的人请教为耻，所以获得了'文'的谥号。"

〔今 悟〕

"不耻下问"与"好为人师"是一对反义词，反映出了两种态度、两种作风。前者如子曰"敏而好学，不耻下问"，这一千古名句讲的是聪明勤勉、谦虚好学的品质；后者如孟子曰"人之患，在好为人师”，这一警句讲的是与人相处非常忌讳自以为是，动不动就以先生自居。实际上，“不耻下问”与“好为人师”背后体现的是人的修养和底蕴。“不耻下问”是虚心聪慧的代名词，而“好为人师”则是妄自尊大的同义语。

子谓子产："有君子之道四焉：其行己也恭，其事上也敬，其养民也惠，其使民也义。"

——《论语·公冶长篇第五》

〔**注 释**〕

子产：姓公孙，名侨，字子产，春秋时期著名贤相。

君子：古时有两解：一是指人格高尚、道德品行兼好之人；二是指社会地位高的人或统治者。此句中两者兼而有之。

惠：恩惠。

义：合道义的。

〔**译 文**〕

孔子评论子产说："他有四个方面符合君子的标准：待人处事谦恭，服务国家诚敬，对待百姓仁惠，差使民众合乎道义。"

〔**今 悟**〕

读罢"有君子之道四焉：其行己也恭，其事上也敬，其养民也惠，其使民也义"，更加深了对孔子所言君子之道的认识。对于有德有位的君子而言，孔曰。敏者。識之疾也。下問。謂凡在己下者。

子謂子產有君子之道四焉孔曰。子產。鄭大夫公孫僑。其行己也恭。其事上也敬。其養民也惠。其使民也義。子曰。晏平仲善與人交。久而敬之。周曰。齊大夫晏。姓。平。謚。名嬰。

子曰。臧文仲居蔡包曰。臧文仲。魯大夫臧孫辰。文。謚也。蔡。國君之守龜。出蔡地。因以爲名焉。長尺有二寸。居蔡。僭也。山節藻梲包曰。節者。栭也。刻鏤爲山。梲者。梁上楹。畫爲藻文。言其奢侈。〔梲〕章悅反。何如其知也孔曰。非時人謂之爲知。〔知〕音智。下同。

子張問曰。令尹子文孔曰。令尹子文。楚大夫。姓鬭。名穀。字於菟。

不仅要“行己也恭”，“事上也敬”，“养民也惠”，而且要“使民也义”。可以说前三者只是奉公者最基本的要求或者准入条件，而“使民也义”却是需要有大格局、大情怀的，即处置涉及民俗、民意和民生的事务必须谨而慎之、合乎道义，充分彰显了天下情怀。何为天下情怀？文化认同、信仰执着、胸襟宽广、仁爱忠敬和己任担当缺一不可。

子曰："晏平仲善与人交，久而敬之。"

——《论语·公冶长篇第五》

〔注 释〕

晏平仲：姓晏，名婴，字仲，谥平。春秋时期贤大夫，史称晏子。

〔译 文〕

孔子说："晏平仲善于与人交友，交往时间越久，就越发令人敬重他。"

〔今 悟〕

读过"晏平仲善与人交，久而敬之"有两点感悟：一是验证了唯物主义认识论的正确性，对于人的认知是需要通过"善与人交"的活动而实现的；二是佐证了成语"路遥知马力，日久见人心"的一般规律性，对于人的准确认识，特别是"久而敬之"是需要经过时间的沉淀和检验的。由此就引出了一个话题：什么样的人可以成为"久而敬之"的朋友呢？依据孔子的益友标准：友直，友谅，友多闻。按照当今的可深交之友标准：令人愉快舒服的，感觉有才有趣的，说话办事靠谱的，关键时刻伸出援手的。

季文子三思而后行。子闻之，曰：“再，斯可矣。”

——《论语·公冶长篇第五》

〔注 释〕

季文子：姓姬，谥文，史称季文子。春秋时期鲁国的正卿。

再：第二次，两次。

斯：那么，就。

〔译 文〕

季文子凡事都要考虑再三后才行动。孔子听到后，说：“想两次就可以了。”

〔今 悟〕

品读《论语》至此句越发感到《公冶长篇第五》主要内容是讲识人识物、谋事做事，或者说是在讲认识论和方法论。在“思”与“行”的问题上，季文子主张“三思而后行”，而孔子认为“再，斯可矣”。尽管两人的意见相左，但讲的都是行事的思路和方法。到底是应该“三思而后行”还是“再，斯可矣”呢？一般而言，凡事都应该考虑周全后再做主张和采取知焉得仁（孔曰。文子辟惡逆。去無道。求有道。當春秋時。臣陵其君。皆如崔子。無有可止者。〔辟〕音避）季文子三思而後行。子聞之曰。再斯可矣（鄭曰。季文子。魯大夫季孫行父。文。謚也。文子忠而有賢行。其舉事寡過。不必乃三思。〔三〕息暫反。又如字）子曰。甯武子（馬曰。衛大夫甯俞。武。謚也）邦有道則知。邦無道則愚。其知可及也。其愚不可及也（孔曰。佯愚似實。故曰不可及也。〔知〕音智。下同）子在陳曰。歸與歸與。吾黨之小子狂簡。斐然成章。不知所以裁之（孔曰。簡。大也。孔子在陳。思歸欲去。故曰。吾黨之小子。狂者進取於大道。妄行动，小心驶得万年船。但过犹不及，如果过于谨慎，反复考虑，举棋不定，又往往会降低行事效率，甚至贻误战机误事坏事。把握“思”与“行”，首先是把握正确的思路和方法；其次是分清事务的轻重缓急，就如同对待战略问题与战术问题一样。战略问题涉及方向和根本，要解决“干什么”，是关系全局的顶层决策。因此，需要推敲再三，慎之又慎，“三思而后行”，谋定而后动。战术问题涉及策略和方法，要解决“怎么干”，是涉及局部的具体决策。因此，在确定战略方针的前提下，研究具体任务和方法，须果断决策，迅速行动。

願車馬衣輕裘與朋友共敝之而無憾（孔曰。憾。恨也。盍戶臘反　衣文公去聲）顔淵曰。願無伐善（孔曰。不自稱己之善）無施勞（孔曰。不以勞事置施於人）子路曰。願聞子之志。子曰。老者安之。朋友信之。少者懷之（孔曰。懷。歸也。少詩照反）子曰。已矣乎。吾未見能見其過。而內自訟者也（包曰。訟猶責也。言人有過。莫能自責）子曰。十室之邑。必有忠信如丘者焉。不如丘之好學也。（焉如字）

雍也第六

《论语》十卷，魏何晏集解，明末清初常熟毛氏汲古阁影抄元岳氏荆谿家塾刻本

论语

○

雍也篇第六

謂子夏曰。女爲君子儒。無爲小人儒孔曰。君子爲儒。將以明道。小人爲儒。則矜其名子游爲武城宰包曰。武城。魯下邑子曰。女得人焉耳乎孔曰。焉耳乎。皆助辭曰有澹臺滅明者行不由徑。非公事未嘗至於偃之室也包曰。澹臺。姓。滅明。名。字子羽。言其公且方。○澹徒甘反子曰孟之反不伐孔曰。魯大夫孟之側。與齊戰。軍大敗。不伐者。不自伐其功奔而殿。將入門策其馬曰。非敢後也。馬不進也馬曰。殿在軍後。前曰啓。後曰殿。孟之反賢而有勇。軍大奔。獨在後爲殿。人迎功之。不欲獨有其名。曰我非敢在後拒

子谓子夏曰：“女为君子儒，无为小人儒。”

——《论语·雍也篇第六》

〔注　释〕

子夏：姓卜，名商，字子夏。孔子的弟子，“孔门十哲”之一。

女：通“汝”，你。

儒：古代知识分子的代称，泛指读书人。

〔译　文〕

孔子对子夏说：“你要做君子式的儒者，不要做小人式的儒者。”

〔今　悟〕

“儒”字在中文中是个很有分量的字，对于它的研究可见诸浩瀚的典籍和论文。关于儒家这个词组暂且不论，常见的还有儒者、儒生、儒吏、儒将和儒商等，虽然它们各具身份、各有所指，但这些沾上了“儒”字边的词都有一个共同点，即所指代的人都是读书人出身。在中国古代，读书人不仅视书如命，而且多追求做知书达理、有风骨之人。俗话说，读书人的腰杆都是直的，因此读书人的风骨倍受景仰。何为读书人的风骨？就是刚强不屈、刚正不阿的性格，不为五斗米折腰、不向权贵低头、士可杀不可辱的气概。读书人的风骨不正是孔子所言“君子儒”的风范吗？在现代社会，读书人已然多如牛毛，构成了社会群体的多数。如此，是否需要重新定义读书人？是否还要传承和弘扬读书人的风骨呢？

子曰："质胜文则野，文胜质则史。文质彬彬，然后君子。"

——《论语·雍也篇第六》

〔注　释〕

质：质朴，朴实。

文：文雅，文采，华美。

野：粗野，粗俗。

史：浮夸，浮华，虚伪。

彬彬：质朴与文雅兼备相伴之貌。

〔译　文〕

孔子说："质朴多于文雅，就会显得粗俗；文雅多于质朴，就会显得浮华。只有气质温雅，举止端正，质朴与文雅兼备平衡，这样才是君子的形象。"

〔今　悟〕

"质胜文则野，文胜质则史。文质彬彬，然后君子。"这是孔子论述君子言谈举止、形象特征的名句。他指出：如果过于质朴就会显得粗俗，如果过于文雅又会显得浮华，只有质朴与文雅平衡相伴才是君子之象。这清晰地表达了过犹不及、执两用中的中庸思想，使人感觉到了事物的平衡美。在强

敵。馬不能前進。殿都練反

子曰。不有祝鮀之佞。而有宋朝之美。難乎免於今之世矣。孔曰。佞。口才也。祝鮀。衛大夫子魚也。時世貴之。宋朝。宋之美人而善淫。言當如祝鮀之佞。而反如宋朝之美。難乎免於今之世害也。鮀徒多反。朝張遙反

子曰。誰能出不由戶。何莫由斯道也。孔曰。言人立身成功當由道。譬猶出入。要當從戶

子曰。質勝文則野。包曰。野。如野人。言鄙略也。文勝質則史。包曰。史者。文多而質少。文質彬彬。然後君子。包曰。彬彬。文質相半之貌

子曰。人之生也直。馬曰。言人所生於世而自終者。以其正直也。罔之生

调质文平衡的同时，孔子并没有否定质朴和文雅的独立性，也没有扼杀质朴和文雅的个性。相反，他指出文质彬彬乃君子之象，君子既要质朴也要文雅，既要有剑胆也要有琴心，这又使人感觉到了事物的个性美。共性与个性并举共存，相辅相成，显示出了“美美与共，天下大同”的君子情怀。

子曰：“人之生也直，罔之生也幸而免。”

——《论语·雍也篇第六》

〔注 释〕

生：生存，活着。

直：正直。

也：语气词。

罔：欺骗，不正直的。

〔译 文〕

孔子说：“人凭着正直在世上生存，不正直的人也能生存，那是靠着侥幸而避免灾祸啊！”

〔今 悟〕

读至此句越发产生对孔子的景仰之情。在两千多年前孔子已经认识到“人之生也直”的问题，即人生在世必须正直。何为正直？怎样才能做到正直？这是《论语》通篇讨论的话题。在孔子眼中，“敬事而信，节用而爱人，使民以时”是正直；“入则孝，出则悌”是正直；“为政以德”是正直；“思无邪”是正直；“朝闻道，夕死可矣”是正直；“君子喻于义”是正直；“见贤思齐焉”也是正直……凡此种种，孔子从为人、治学、从政等角度论述了正直这个人类社会的永恒话题。苦口婆心、循循善诱地教育人们要为官有德，为友有义，为人有仁，做不降其志、不辱其身、公正刚直、坦荡无私的正直君子。可见，正直是仁爱之心，是浩然正气，是通天大道。

也。幸而免。包曰。誣罔正直之道而亦生者。是幸而免。子曰。知之者不如好之者。好之者不如樂之者。包曰。學問知之者。不如好之者篤。好之者不如樂之者深。好呼報反。下同。樂音洛。子曰。中人以上。可以語上也。中人以下。不可以語上也。王曰。上。謂上知之所知也。兩舉中人。以其可上可下。以上時掌反。語魚據反。上知音智。樊遲問知。子曰。務民之義。王曰。務所以化道民之義。知音智。下章同。敬鬼神而遠之。可謂知矣。包曰。敬鬼神而不黷。遠于萬反。問仁。曰。仁者先難而後獲。可謂仁矣。孔曰。先勞

子曰：“知之者不如好之者，好之者不如乐之者。”

——《论语·雍也篇第六》

〔注 释〕

知：知道，了解，懂得。

好：喜欢，喜好。乐：快乐。

〔译 文〕

孔子说：“对于学问而言，懂得它不如喜好它，喜好它不如以它为乐。”

〔今 悟〕

“知之者不如好之者，好之者不如乐之者。”这是孔子对学问的不同境界体察入微的刻画。孔圣人把学问分为“知之”“好之”“乐之”三个境界，其中以“乐之”为最，即以学习为快乐是学习和做学问的最高境界。热爱是最好的老师，以学习为快乐可以说是最真挚、最狂热、最痴情的爱，是以生命相伴的爱。就像收藏爱好者所经历的那样，从一知半解到如数家珍，从爱不释手到乐在其中。正所谓爱之深，好之切，乐之极。

苦乃後得功。此所以爲仁。子曰。知者樂水包曰。知者樂運其才知以治世。如水流而不知已。【樂】音岳。又五孝反。下同。文公五教反。下同仁者樂山仁者樂如山之安固。自然不動而萬物生焉知者動包曰。日進故動仁者靜孔曰。無欲故靜知者樂鄭曰。知者自役。得其志。故樂。【樂】五孝反。文公音洛仁者壽包曰。性靜者多壽考子曰。齊一變至於魯。魯一變至於道包曰。言齊魯有大公周公之餘化。大公大賢。周公聖人。今其政教雖衰。若有明君興之。齊可使如魯。魯可使如大道行之時子曰。觚不觚馬曰。觚。禮器。一升曰爵。二升曰觚。【觚】音孤觚哉觚哉觚哉觚哉。言非觚也。以喻爲政

子曰:“知者乐水,仁者乐山。知者动,仁者静。知者乐,仁者寿。”

——《论语·雍也篇第六》

〔注 释〕

知:通“智”,智慧,聪明。

仁:仁德,仁义。

〔译 文〕

孔子说:“聪慧的人喜欢水,仁德的人喜欢山。聪慧的人好动,仁德的人好静。聪慧的人快乐,仁德的人长寿。”

〔今 悟〕

“知者乐水,仁者乐山。知者动,仁者静。知者乐,仁者寿。”孔子用水、山、动、静、乐、寿寥寥几个字刻画了知者和仁者的秉性品行,洞悉了知者和仁者的世事人生。知者聪慧,仁者厚德,聪慧是天赋,厚德是本性。知者和仁者的性格、偏好和命运似乎已经被先天决定,但是从辩证唯物主义的角度看,后天的学习和修为绝对不可以忽视和放弃。兼具知仁,享有乐寿,何乐而不为?

不得其道則不成宰我問曰。仁者雖告之曰。井有仁焉。其從之也孔曰。宰我以仁者必濟人於患難。故問有仁人隋井。將自投下。從而出之不乎。欲極觀仁者憂樂之所至子曰。何爲其然也。君子可逝也。不可陷也包曰。逝。往也。言君子可使往視之耳。不肯自投從之可欺也。不可罔也馬曰。可欺者。可使往也。不可罔者。不可得誣罔令自投下

子曰。君子博學於文。約之以禮。亦可以弗畔矣夫鄭曰。弗畔。不違道

子見南子。子路不說。夫子矢之曰。予所否者。天厭之。天厭之孔曰。舊以南子者。衛

子曰：“君子博学于文，约之以礼，亦可以弗畔矣夫！”

——《论语·雍也篇第六》

〔注 释〕

博：宽广，广博。

约：约束，拘束，限制。

弗：不。

畔：通“叛”，背叛，反叛。

夫：用在句尾，表示感叹，相当于“啊”。

〔译 文〕

孔子说：“君子广泛学习文化典籍，用礼道规范自己的行为，这样就不会离经叛道啊！”

〔今 悟〕

读罢“君子博学于文，约之以礼。亦可以弗畔矣夫”，不禁令人发问：这番话对于现今的意义何在？孔子的原意是：君子广泛学习文化典籍，用礼道规范自己的行为，这样就不会离经叛道。此番话之于今日之义是否可以理解为：如果广泛倡导人们学习人类优秀文化，就自然会在厚筑文化底蕴的同时，增进人文精神。人文精神是一种价值理念，是以人为本的精神追求和心灵向往。在现实生活中，更多地表现为宝贵生命的尊严、独立人格的发展、真善美的情操、仁爱之心的担当。可见，在现代社会，人们不仅需要博学于文，约之以礼，而且更需要文礼兼备，践之以行。

子曰：“中庸之为德也，其至矣乎！民鲜久矣。”

——《论语·雍也篇第六》

〔注 释〕

中：中间，一半，折中，调和。

庸：平常。

至：极。

鲜：少。

乎：语气词用在句末，相当于“啊”。

〔译 文〕

孔子说：“中庸作为一种道德，是最高境界啊！人们已经长久地缺乏它了。”

〔今 悟〕

孔子把中庸视为至德，视为道德的最高境界，可见这一思想在儒学理论体系中的分量之重。中庸二字的含义是：在日常生活中，持不偏不倚、无过无不及的态度，恰到好处地为人处事。这是对中庸思想或中庸之道的极简解。尽管儒家认为中庸之道应该成为处理世事的原则和方法，成为保持事务平

靈公夫人。淫亂。靈公惑之。孔子見之者。欲因以說靈公使行治道。矣。誓也。子路不說。故夫子誓之。行道既非婦人之事。而弟子不說。與之呪誓。義可疑焉。〇[說]音悅[否]方有反。不也。王李備鄙反[厭]於琰反。又於豔反。以[說]始銳反

子曰。中庸之爲德也。其至矣乎。民鮮久矣庸。常也。中和可常行之德。世亂先王之道廢。民鮮能行此道久矣。非適今。〇[鮮]仙善反

子貢曰。如有博施於民。而能濟衆。何如可謂仁乎。子曰。何事於仁。必也聖乎。堯舜其猶病諸孔曰。君能廣施恩惠。濟民於患難。堯舜至聖。猶病其難。〇[施]始豉反夫仁者。己欲立而立人。己欲達

衡与稳定的智慧和策略，但是中庸也是相对的。正因为具有相对性，要达到中庸并且维持中庸才显得难能可贵。所以孔夫子感叹说“民鲜久矣”。在现实生活中，平衡与中庸一样也是相对的，不平衡是绝对的。因时因事因势制宜，在追求平衡中打破平衡，建立新的平衡，再回归平衡。这不仅需要有思想和智慧，而且需要有技巧和行动。

論語卷第四

述而第七

子曰。述而不作。信而好古。竊比於我老彭。包曰。[illegible]彭。殷賢大夫。好述古事。我若老彭。但述之[illegible]。[好]呼報反。老彭。案大戴禮云。商老彭是[illegible]也。鄭云。老。老[illegible]彭。彭祖 子曰。默而識之。學而不厭。誨人不倦。何有於我哉。鄭曰。人無是行。於我獨有之。[識]文公音志。又如字[倦]其卷反[行]下孟反 子曰。德之不脩。學之不講。聞義不能徙。不善不能改。是吾憂也。孔曰。夫子常以此四者爲憂

《论语》十卷，魏何晏集解，明末清初常熟毛氏汲古阁影抄元岳氏荆谿家塾刻本

论语

○

述而篇第七

子曰："默而识之，学而不厌，诲人不倦，何有于我哉？"

——《论语·述而篇第七》

〔注 释〕

默：不作声，沉默。

识：记住，博闻强记。

厌：满足。

诲：教导，指导。

倦：疲倦。

何有：有什么。

〔译 文〕

孔子说："把知识默默地记在心上，努力学习而从不满足，教导别人而从不知疲倦，我都做到了什么呢？"

〔今 悟〕

"学而不厌，诲人不倦"与"锄禾日当午，汗滴禾下土，谁知盘中餐，粒粒皆辛苦"一样，都是人们自小就会背诵的千古名句。它通俗易懂，言简意深，千百年来影响了一代又一代读书人，促进了中华教育思想的形成和发展。这一名句所蕴含的思想，其深刻意义怎么宣讲都不会过时过分，其思想光辉历经千年万载也不会黯淡失色。于今重新读过，不仅可以唤起人们对中华优秀传统文化的自豪感与自信心，而且可以使人在人生之旅中自省与自励。希望当下乃至今后，人们依然能够“默而识之”、自觉行之。

子曰：“德之不修，学之不讲，闻义不能徙，不善不能改，是吾忧也。”

——《论语·述而篇第七》

〔注 释〕

修：学习，修行，锻炼。

讲：讲习，练习。

闻：听到，听见，听说。

徙：迁移。

忧：忧虑。

〔译 文〕

孔子说：“品德不培养，学问不讲习，听到义在那里却不能亲身赴之，有错误和缺点不能改正，这些都是我所忧虑的。”

〔今 悟〕

“德之不修，学之不讲，闻义不能徙，不善不能改，是吾忧也”，可以将此称之为孔子“四不”之忧。孔子之忧不是常人、凡人之忧，而是君子、圣人之忧。孔子之忧不仅追求高尚完美，而且强调律己育人，这恰恰印证出他的格局、胸怀和眼界。用当下的话说，就是有多大格局就能做多大事情，有多大胸怀就有多宽天地，有多大眼界就能瞭望多远。孔子之忧于今日于常人有何教益？它告诉人们：既要仰望星空，也要脚踏实地；既要胸怀远大，也要事做于细；既要有诗和远方，也要识人间烟火。珍惜生命，多做好事，享受快乐，这是人生大幸和无忧！

子之燕居。申申如也。夭夭如也。馬曰。申申夭夭。和舒之貌。○[夭]於驕反

子曰。甚矣吾衰也。久矣吾不復夢見周公。孔曰。孔子衰老。不復夢見周公。明盛時夢見周公。欲行其道。○[復]扶又反。註同

子曰。志於道。志。慕也。道不可體。故志之而已。據於德。據。杖也。德有成形。故可據。依於仁。依。倚也。仁者功施於人。故可倚。遊於藝。藝。六藝也。不足據依。故曰遊。

子曰。自行束脩以上。吾未嘗無誨焉。孔曰。言人能奉禮。自行束脩以上。則皆教誨之。

子曰。不憤不啓。不悱不發。舉一隅不以三隅反。則不復也。鄭曰。孔子與人

子曰：“志于道，据于德，依于仁，游于艺。”

——《论语·述而篇第七》

〔注 释〕

志：心意，志向。

据：依据，根据。

依：依靠，依托。

游：游历，学习。

艺：指六艺，礼、乐、射、御、书、数，即礼仪、音乐、射术、骑驾术、书法、算数。

〔译 文〕

孔子说：“以道为志向，以德为根据，以仁为依靠，游习于礼仪、音乐、射术、骑驾术、书法、算数等六艺。”

〔今 悟〕

孔子作为教育家和思想家提出“志于道，据于德，依于仁，游于艺”的主张，一方面向人们展示了他的教育思想，以志、据、依、游为学习方法，以道、德、仁、艺为学习内容；另一方面向人们传达了他的人生观，道、德、仁、艺为其心所向、志所求、身所修。孔子的主张对于今人的意义在于：人们追求完美人生，不仅需要在道义、品德、爱心等德育方面下功夫修炼，而且还需要“游于艺”，置身于德育、智育、体育、美育等多方面的学习、熏陶和享受之中，以使品位更加高雅、生活更加多彩、人生更加美妙。

子路曰："子行三军，则谁与？"子曰："暴虎冯河，死而无悔者，吾不与也。必也临事而惧，好谋而成者也。"

——《论语·述而篇第七》

〔注释〕

子路：姓名仲由，字子路，春秋末年鲁国人。孔子著名弟子，"孔门十哲"之一。

行：行动，此处引申为率领。

与：和。

暴：徒手搏击。

冯：徒足涉水。

惧：畏惧，戒惧。

〔译文〕

子路问："如果让您率领三军，您愿意找谁共事呢？"孔子答："赤手空拳和老虎搏斗，徒足涉水过河，即使这样死了都不后悔的人，我是不会与之共事的。我所要找的，一定是遇事知道畏惧谨慎，善于谋划而且能完成任务的人。"

〔今悟〕

这段对话从一个侧面反映出了孔子的识人用人

言。必待其人心憤憤。口悱悱。乃後啓發。爲說之。如此。則識思之深也。說則舉一隅以語之。其人不思其類。則不復重教之也。〔憤〕房粉反〔悱〕芳匪反〔復〕文公扶又反

子食於有喪者之側。未嘗飽也 喪者哀戚。飽食於其側。是無惻隱之心

子於是日。哭則不歌 一日之中。或哭或歌。是褻於禮容

子謂顏淵曰。用之則行。舍之則藏。唯我與爾有是夫 孔曰。言可行則行。可止則止。唯我與顏淵同。〔舍〕音赦。止也。一音捨。放也。文公上聲〔夫〕音符

子路曰。子行三軍則誰與 孔曰。大國三軍。子路見孔子獨美顏淵。以爲己勇。至於夫子爲三軍將。亦當誰與己同。故發此問。〔與〕如字。一音餘

观。在孔子心目中，遇事无所顾忌，只知勇往直前，甚至逞一时之勇的人不可依靠，不堪大用。临事而惧、胆大心细、好谋而成的人，为其所看好、所信赖。由此可见，每临大事知畏惧、晓谨慎是可取的态度，有胆有识、善谋善成是功成的法宝。正所谓不仅要与有肝胆人共事，而且要从无字句处读书。

子曰。暴虎馮河。死而無悔者。吾不與也。孔曰。暴虎。徒搏。馮河。徒涉。馮皮冰反必也臨事而懼。好謀而成者也。好呼報反下同

子曰。富而可求也。雖執鞭之士。吾亦爲之。鄭曰。富貴不可求而得之。當脩德以得之。若於道可求者。雖執鞭賤職。我亦爲之如不可求。從吾所好。孔曰。所好者古人之道

子之所愼。齊戰疾。孔曰。此三者。人所不能愼。而夫子愼之。齊側皆反

子在齊聞韶。三月不知肉味。周曰。孔子在齊。聞習韶樂之盛美。故忽忘於肉味曰。不圖爲樂之至於斯也。王曰。爲。作也。不圖作

子之所慎：齐，战，疾。

——《论语·述而篇第七》

〔注　释〕

慎：当心，慎重。

齐：同“斋”。古代祭祀之前先要沐浴、更衣整洁身心，叫作斋戒。

〔译　文〕

孔子所小心慎重的事情有三样：斋戒，战争，疫病。

〔今　悟〕

天灾、战争和疫病是人类生存面临的三大威胁和灾难。在古时，斋戒和祭祀是人类敬畏天神、与天神对话的重要活动。通过斋戒和祭祀祈求上苍降福人间，驱避灾祸。因此，《论语》特别强调“子之所慎：齐，战，疾”。这表明孔子对于躲避天灾、抵御疫病和减少战争所秉持的慎之又慎、重之又重的态度，体现出了博大仁心、天下情怀。在迄今为止的人类历史中，天灾和疫病频仍，战乱时有发生。从唯物主义的观点看，这三大灾难是人类历史演进中的伴生事件，是难以避免的。但同时也要看到人类抵御灾难的努力和战争后的重建，也有提高人类觉悟和推动物质文明进步的作用。天灾和疫病是因地球运动和环境变化等而起；战争则是由国家、民族和统治集团的利益纷争而生，其中既有种族、宗教、文化等差异造成的文明冲突，也有领土、资源、财富等欲望导致的利益争夺。对于这三大灾难不可消极恐惧，只能积极应对。对待天灾和疫病，需要在尊重自然规律的基础上，以人类本能和科学技术手段来抵御和抗击。对待战争则需要通过和平对话或以战止战的方式加以解决。

子在齐闻《韶》，三月不知肉味。

——《论语·述而篇第七》

〔注 释〕

《韶》：中国古代乐曲，传说产生于舜时期的舞乐。

〔译 文〕

孔子在齐国听过《韶》乐后，很长时间即使吃肉也感觉不到肉的味道。

〔今 悟〕

“三月不知肉味”是孔子在齐国听过古乐《韶》后发出的由衷赞叹。而在《论语 ·八佾篇第三》中孔子也对《韶》极尽赞誉之词：“子谓《韶》：‘尽美矣，又尽善也。’”这至少说明两点：一是古乐《韶》确实美妙动听，非同凡响；二是孔子确实具有较高的音乐造诣和鉴赏能力。是的，不论是人的歌声还是乐器的奏鸣，也不论是独唱独奏还是合唱合奏，音乐都会以其自有的曲调、节奏和韵味展示出动人的声音和旋律。古今中外的人们在形容对美妙音乐的感受时往往会说：天籁之音，声音精灵，令人神往，如醉如痴，心灵对话，音乐无国界等。对音乐魅力会发自心底地赞美：是春花、夏雨、秋叶、冬雪，是高山、原野、溪流、大海，是鸟语花香，是高山流水，是梦境萦绕，是心绪悲喜，是爱的力量……坦率地说，在音乐、美术、舞蹈等众多艺术形式中，音乐兼具感染力、震撼力、亲和力、想象力和传播力，易闻易懂易会，音乐艺术非常值得人们学习、欣赏和向往。对于其他如此美妙的事物亦如是。

子曰："饭疏食饮水，曲肱而枕之，乐亦在其中矣。不义而富且贵，于我如浮云。"

——《论语·述而篇第七》

〔注 释〕

疏：粗糙。

肱：胳膊由肘到肩的部位。

曲：弯曲，不直。

浮云：形容虚无缥缈，转瞬即逝。

〔译 文〕

孔子说："吃粗饭，喝冷水，弯曲着胳膊当枕头睡觉，我也会乐在其中。用不正当手段获得财富和尊贵，对于我来说就如同浮云一样。"

〔今 悟〕

孔子用了区区二十七个字就清晰地阐述了他的幸福观和义利观。"饭疏食饮水，曲肱而枕之，乐亦在其中矣。"这说明孔子认为的幸福感显然与物质条件优劣、生活环境好坏无关，而完全在于人的心理感受，在于人的精神层面快乐与否。继在《论

韶樂至於此。此齊
冉有曰。夫子爲衞君乎
鄭曰。爲猶助也。衞君
者。謂輒也。衞靈公逐大子蒯聵。公薨而立孫
輒。後晉趙鞅納蒯聵于戚城。衞石曼姑帥師
圍之。故問其意助輒不乎。
[爲]于僞反。下同[蒯]苦恠反
子貢曰。諾。吾將問之。入曰。伯夷叔齊何人也。曰。古之賢人也。曰。怨乎。曰。求仁而得仁。又何怨
孔曰。夷齊讓國遠去。終於餓死。故問怨邪。以讓爲仁。豈有怨乎
出曰。夫子不爲也
鄭曰。父子爭國。惡行。孔子以伯夷叔齊爲賢且仁。故知不助衞君明矣。[行]下孟反
子曰。飯疏食飲水。曲肱而枕之。樂亦在其中矣
孔曰。疏食。菜食。

语·里仁篇第四》提出“君子喻于义，小人喻于利”之后，孔子又进一步阐述了他的义利观，“不义而富且贵，于我如浮云”。由此可见，孔子倡导的幸福观也好，义利观也罢，不外乎在于告诉人们什么是人生之乐，何为贪欲之止，把这两者结合起来恰恰可以作为人生在世的修行之道。

肱。譬也。孔子以此爲樂。飯上聲疏平聲食如字。一音嗣。文公同樂音洛不義而富且貴於我如浮雲鄭曰。富貴而不以義者。於我如浮雲。非己之有

子曰。加我數年五十以學易可以無大過矣易。窮理盡性以至於命。年五十而知天命。以知命之年。讀至命之書。故可以無大過。數色主反

子所雅言孔曰。雅言。正言也。詩書執禮皆雅言也鄭曰。讀先王典法。必正言其音。然後義全。故不可有所諱。禮不誦。故言執。

葉公問孔子於子路子路不對孔曰。葉公名諸梁。楚大夫。食菜於葉。僭稱公。不對者。未知所以荅。葉舒涉反子曰。女奚不曰其爲人

叶公问孔子于子路，子路不对。子曰：“女奚不曰，其为人也，发愤忘食，乐以忘忧，不知老之将至云尔。”

——《论语·述而篇第七》

〔注 释〕

对：回答。

女：通“汝”，你。

奚：怎么，为什么。

愤：因不满而愤怒或怨恨，愤慨。

忧：让人忧虑的事情。

云尔：如此罢了，如此而已。

〔译 文〕

叶公向子路打听孔子是什么样的人，子路不回答。孔子知道后就对子路说：“你怎么不这样说呢？这个人的特点呀，用起功来会忘记吃饭，快乐起来会忘记忧愁，甚至连自己快要老了都不知道，如此罢了。”

〔今 悟〕

《论语》中有很多思想深刻、脍炙人口的警句名言，品读起来感触非同一般，从中可以读出乐观而积极的人生态度。由此联想到那些经历了世事沧桑、已进入耳顺之年的人们，仍然要作出“发愤忘食，乐以忘忧，不知老之将至云尔”的人生答卷。其实，世间哪儿有那么多惊天动地？哪儿有那么多人生辉煌？对于芸芸众生来说，只要心中有爱，行动有追求，不虚度年华时光，即使老之将至，也仍然会喜而忘返，乐以忘忧……

子曰：“我非生而知之者，好古，敏以求之者也。”

——《论语·述而篇第七》

〔注　释〕

好：喜欢，喜好。

敏：勤勉，勤奋，勤快。

〔译　文〕

孔子说：“我不是生来就有知识的人，只是爱好古代历史文化，勤奋追求知识。”

〔今　悟〕

无论你多么天资聪颖，多么禀赋超群，要想获得成功都要经过后天的艰辛努力和不懈追求。正如孔子所言：“我非生而知之者，好古，敏以求之者也。”是的，这大概是一个具有普遍意义的真理吧！

也。發憤忘食。樂以忘憂。不知老之將至云爾。憤符粉反子曰。我非生而知之者。好古敏以求之者也鄭曰。言此者。勸人學。好去聲子不語怪。力。亂。神王曰。怪。怪異也。力。謂若奡盪舟。烏獲舉千鈞之屬。亂。謂臣弒君。子弒父。神。謂鬼神之事。或無益於教化。或所不忍言。奡五報反子曰。三人行。必有我師焉。擇其善者而從之。其不善者而改之言我三人行。本無賢愚。擇善從之。不善改之。故無常師子曰。天生德於予。桓魋其如予何包曰。桓魋。宋司馬。天生德者。謂授我以聖性。德合天地。吉無不利。故

子曰："三人行，必有我师焉：择其善者而从之，其不善者而改之。"

——《论语·述而篇第七》

〔注 释〕

从：跟随，跟从。

〔译 文〕

孔子说："多人同行，其中必定有可以成为我老师的人：选取那些优点而学习，看出那些缺点而改正。"

〔今 悟〕

反复品读"三人行，必有我师焉：择其善者而从之，其不善者而改之"，最突出的感觉就是字里行间跳跃着"谦虚"二字。孔子这番话折射出了虚怀若谷、以人为师的谦虚态度，反映出了取人之长、补己之短的进取意识。在人类诸多美德中，谦虚最容易感染人、融化人。特别是当你身居高位，当你充满智慧，当你才华横溢，当你卓尔不群，而你却又那么谦和时，很容易让人感受到一种风范和力量，这是可以征服一切的君子风范，这是难以抗拒的巨人力量。

曰其如予何。魋徒雷反子曰。二三子以我爲隱乎。吾無隱乎爾包曰。二三子。謂諸弟子。聖人知廣道深。弟子學之不能及。以爲有所隱匿。故解之。知音智吾無行而不與二三子者。是丘也包曰。我所爲無不與爾共之者。是丘之心

子以四教。文行忠信四者有形質。可舉以教。行下孟反

子曰。聖人吾不得而見之矣。得見君子者。斯可矣疾世無明君

子曰。善人吾不得而見之矣。得見有恒者。斯可矣。亡而爲有。虛而爲盈。約而爲泰。難乎有恒矣孔曰。難可名之爲有

子以四教：文，行，忠，信。

——《论语·述而篇第七》

〔注 释〕

文：文化，知识。

行：行动，举动。

〔译 文〕

孔子以四个方面的内容教育学生：文化知识，社会实践，忠职守责，信守诚实。

〔今 悟〕

孔子被后人尊为至圣先师、万世师表。他提出的以文化知识、社会实践、忠职守责、信守诚实为主的教育内容，开启了我国古代社会科学和道德品质教育的先河，成为中国古代提升人性境界、提高人文教育水平的基石。从历史的角度探讨和评价孔子的人文教育思想可以看到，一方面它对于人的文化修养和人格塑造产生了重要作用，使之作为中华优秀传统文化的重要组成部分得以传承和弘扬；另一方面，自汉代以来的“独尊儒术”，以人文教育为主流的教育思想排斥和抑制了自然科学教育思想的形成和发展，这被认为是导致我国科学技术发展落后于西方国家的原因之一，成为后人诟病的历史误会。实际上问题并非出在儒家思想，而在于统治者把儒家思想作为社会治理工具来利用。人文教育思想与自然科学教育思想的兼容并蓄、竞相发展，不仅有利于人类教育思想体系的丰富和完善，而且有利于人类政治、经济、文化、教育和科技的进步与繁荣。

子曰："奢则不孙，俭则固。与其不孙也，宁固。"

——《论语·述而篇第七》

〔注 释〕

奢：奢侈，不节俭。

孙：通"逊"，谦让，谦逊。

俭：俭朴，节俭。

固：固陋，寒碜，不体面。

〔译 文〕

孔子说："过于奢侈就会显得不够谦逊，过于俭朴就会显得比较寒碜。与其让人觉得不够谦逊，不如让人觉得因为俭朴而寒碜。"

〔今 悟〕

读罢"奢则不孙，俭则固。与其不孙也，宁固"，感触有三：其一，由奢侈与俭朴的话题引出了如果奢侈就会显得不够谦逊，如果俭朴就会显得有些寒碜的讨论。孔子直接表达了"崇俭鄙奢"的价值取向：如果在奢侈与俭朴、不逊与寒碜之间作出选择的话，都会倾向于后者，即与其奢侈，宁愿俭朴。

子不能學也（馬曰。正如所言。弟子猶不能學。況仁聖乎）子疾病。子路請禱（包曰。禱。禱請於鬼神）子曰。有諸（周曰。言有此禱請於鬼神之事）子路對曰。有之。誄曰。禱爾于上下神祇（孔曰。子路失其指。誄。禱篇名。【誄】力軌反）子曰。丘之禱久矣（孔曰。孔子素行合於神明。故曰丘之禱久矣）

子曰。奢則不孫。儉則固。與其不孫也寧固（孔曰。俱失之。奢不如儉。奢則僭上。儉不及禮。固。陋也。【孫】音遜）

子曰。君子坦蕩蕩。小人長戚戚（鄭曰。坦蕩蕩。寬廣貌。長戚戚。多憂懼。【蕩】徒黨反）

子溫而厲。威而不猛。恭而安

其二，孔子是“发愤忘食，乐以忘忧，不知老之将至”之人，能够在乎奢与俭，说明当时社会生活的物质文明程度之低、生活条件之陋，所以人们对于奢侈问题十分敏感。其三，孔子认为“奢则不孙，俭则固”，尽管明确地表达了“与其不孙也，宁固”的态度，但同时反映出圣人也在乎外界对自己的看法和评价，也具有常人的心态。可见，世上没有人能够超凡脱俗、超世绝伦，圣人也不例外，圣人也是人！

子曰："君子坦荡荡，小人长戚戚。"

——《论语·述而篇第七》

〔注 释〕

荡荡：宽广状。

戚戚：忧虑状。

〔译 文〕

孔子说："君子胸怀坦荡，气定神闲。而小人心胸狭窄，忧虑不安。"

〔今 悟〕

"君子坦荡荡，小人长戚戚"是孔子对君子和小人的自身气质和行为特征的描述。从表面上看孔子提出了怎样看待君子和小人的问题，但往深里想则是提出了做君子还是做小人的问题。这样一来，准确认识君子和小人就显得极为重要。可以从三个方面加以观察：一看胸襟。君子常怀仁爱之心，气量大，胸襟开阔；小人自利心重，气量小，胸襟狭窄。二看眼界。君子眼界宽，看得远，重大不计小；小人眼界窄，近视眼，遇事斤斤计较、患得患失。三看思想境界。君子思想达观，自信心强，遇事气定神闲；小人思想悲观，缺乏自信，经常忧虑不安、抱怨不断。综上所述，是否可以得出这样的结论：君子与小人的根本区别就在于格局不同。正如孔子在《论语·为政篇第二》所指出的“君子不器”，即君子有大格局。

常。恒文公胡登反亡如字。一音無。文公同

子釣而不綱。弋不射宿。孔曰。釣者。一竿釣。綱者。爲大綱以橫絕流。以繳繫釣。羅屬著綱。弋。繳射也。宿。宿鳥。弋羊職反射食亦反繳章畧反

子曰。蓋有不知而作之者。我無是也。包曰。時人有穿鑿妄作篇籍者。故云然

多聞擇其善者而從之。多見而識之。知之次也。孔曰。如此者次於天生知之。識文公音志

互鄉難與言。童子見。門人惑。鄭曰。互鄉。鄉名也。其鄉人言語自專。不達時宜。而有童子來見孔子。門人怪孔子見之。互戶故反見賢遍反

子曰。與其進也。不與其退也。唯何甚。孔曰。

子温而厉，威而不猛，恭而安。

——《论语·述而篇第七》

〔注 释〕

温：温和，温良。厉：严肃，严厉。

威：威严，尊严。猛：凶暴。

恭：恭敬，谦逊有礼。

安：安定，安稳。

〔译 文〕

孔子温良而又严肃，威严却不凶暴，谦恭而又安泰。

〔今 悟〕

中庸之道是儒家的处世哲学，其简要之意为：不偏不倚，折中调和，处事平衡。在《论语》中，弟子们为孔子画像，用“子温而厉，威而不猛，恭而安”来描绘孔子的心性特质和仪态举止。也就是说孔子温良而又严肃，威严而不凶暴，谦恭而又安泰。这简直就是践行中庸之道的典范。缘何如此？不外乎生性与后天修炼使然。只有心怀其仁，身修其德，行守其则，才能做到温严有度，威而不怒，恭安自如。

泰伯第八

子曰。泰伯其可謂至德也已矣。三以天下讓。民無得而稱焉。王曰。泰伯。周大王之長子。次弟仲雍。少弟季歷。季歷賢。又生聖子文王昌。昌必有天下。故泰伯以天下三讓於王季。其讓隱。故無得而稱言之者。所以爲至德也

子曰。恭而無禮則勞。愼而無禮則葸。葸。畏懼之貌。言愼而不以禮節之。則常畏懼。葸絲里反勇而無禮則亂。直而無禮則絞。馬曰。絞。絞刺也絞古卯反君子篤於親。則民興於仁。故舊不遺則民不偷。包曰。興。起也。君能厚

《论语》十卷，魏何晏集解，明末清初常熟毛氏汲古阁影抄元岳氏荆谿家塾刻本

论语

泰伯篇第八

於親屬不遺忘其故舊行之美者則民皆化之起爲仁厚之行不偷薄 偷他侯反 行下孟反

曾子有疾召門弟子曰啓予足啓予手 鄭曰啓開也曾子以爲受身體於父母不敢毀傷故使弟子開衾而視之 詩云戰戰兢兢如臨深淵如履薄冰 孔曰言此詩者喻己常戒慎恐有所毀傷 而今而後吾知免夫小子 周曰乃今日後我自知免於患難矣小子弟子也呼之者欲使聽識其言 夫音扶

曾子有疾孟敬子問之 馬曰孟敬子魯大夫仲孫捷 曾子言曰鳥之將死其鳴也哀人之將死其言也善 包曰欲戒敬子言我將死言善

《诗》云："战战兢兢，如临深渊，如履薄冰。"

——《论语·泰伯篇第八》

〔注 释〕

战战兢兢：恐惧发抖的样子，小心谨慎的样子。

临：站在高处向下看，靠近，到达。

履：踩，踏。

〔译 文〕

《诗经》说："极其小心谨慎，就像站在深渊边缘一样，就像行走在薄冰上一样。"

〔今 悟〕

《论语》中多处引用《诗经》的章句，这说明儒家对孔子编订的《诗经》推崇备至，同时也说明《诗经》对先秦文化影响至深。《论语·泰伯篇第八》引用了"《诗》云：'战战兢兢，如临深渊，如履薄冰'"这句话，在日后成就了战战兢兢、如临深渊、如履薄冰三个著名成语。它提醒人们，做事时需要小心谨慎，顺利时需要居安思危。特别是对于担当国家、社会团体和企业等要职重任的人来说尤为要紧。作出决策，颁布政令，处置要情，都需要小心谨慎，缜密求精。为使“战战兢兢，如临深渊，如履薄冰”的理念起到时常警醒、常备不懈的作用，将其制度化、预案化不失为必要而可行的好办法。

曾子言曰："鸟之将死，其鸣也哀；人之将死，其言也善。"

——《论语·泰伯篇第八》

〔注 释〕

曾子：姓曾，名参，孔子的学生，春秋战国时期的政治家、军事家，著有《孝经》，"儒家五圣"之一。

鸣：鸟叫，鸣叫。

哀：悲痛，伤心。

善：好，善良。

〔译 文〕

曾子说："鸟在临死时，它发出的鸣叫是伤感悲哀的；人在临终前，他说出的话是真实善良的。"

〔今 悟〕

"儒家五圣"之一的曾子揭示了自然界的一个规律："鸟之将死，其鸣也哀；人之将死，其言也善。"这段话的后一句"人之将死，其言也善"可以理解为，人在临终前已经回归"人之初，性本善"的本原。因此，人之初与人之终的言行都可以归结到一个"善"字，也可以当作"善始善终"的别解。因为在这个时候人已经了却了世间的一切名利纷争、是非纷扰。读罢曾子的话想补充的是："人之将死"也如老子在《道德经》中所说的那样，"归根曰静，静曰复命"，万物归根返回清静，而归于清静就是回归自然本性，终点即起点，至此新的生命正在孕育，又将开始生生不息的旅程。

曾子曰："可以托六尺之孤，可以寄百里之命，临大节而不可夺也——君子人与？君子人也。"

——《论语·泰伯篇第八》

〔注　释〕

孤：六尺之孤，形容个子没长高，代指未成年的孩子。

寄：寄托，托付，委托。

百里：古时诸侯封地范围为百里，后以百里代指诸侯国。

节：气节，节操。

夺：失去，丧失。

〔译　文〕

曾子说："可以将幼小的孤儿相托付，可以将家国社稷的前途命运相交托，面临生死关头也不会动摇和屈服——这种人是君子吗？是真正的君子啊！"

〔今　悟〕

本句是《论语》中极为震撼人心的章句。"可以托六尺之孤，可以寄百里之命"的意思是可以将幼小的孤儿相托付，可以将家国社稷的前途命运相交托，其中"托孤"和"寄命"表达的是品德信任

可用

君子所貴乎道者三。動容貌。斯遠暴慢矣。正顏色。斯近信矣。出辭氣。斯遠鄙倍矣。鄭曰。此道。謂禮也。動容貌。能濟濟蹌蹌。則人不敢暴慢之。正顏色。能矜莊嚴栗。則人不敢欺誕之。出辭氣。能順而說之。則無惡戾之言入於耳。〔遠〕于萬反〔近〕去聲〔倍〕蒲悔反

籩豆之事。則有司存。包曰。敬子忽大務小。故又戒之以此。籩豆。禮器

曾子曰。以能問於不能。以多問於寡。有若無。實若虛。犯而不校。包曰。校。報也。言見侵犯不報昔者吾友嘗從事於斯矣。馬曰。友。謂顏淵

曾子曰。可以託六尺之孤孔曰。

和能力认可，这是以生命和命运为代价的非同寻常的寄托；“临大节而不可夺也”的意思为面临生死关头也不会动摇和屈服，表达的是钢铁般的坚强意志，这是常人所不具备所不可及的品格。前者——信任，需要“路遥知马力，日久见人心”的熟知；后者——坚毅，需要“泰山压顶不弯腰，惊涛骇浪不低头”的磨砺。

六尺之孤幼少之君可以寄百里之命孔曰。攝君之政令臨大節而不可奪也大節。安國家。定社稷。奪不可傾奪君子人與。君子人也重稱君子者。乃可名爲君子也。【與】音餘曾子曰。士不可以不弘毅。任重而道遠包曰。弘大也。毅。强而能斷也。士弘毅。然後能負重任。致遠路仁以爲己任。不亦重乎。死而後已。不亦遠乎孔曰。以仁爲己任。重莫重焉。死而後已。遠莫遠焉子曰。興於詩包曰。興。起也。言脩身當先學詩立於禮包曰。禮者所以立身成於樂包曰。樂所以成性子曰。民可使由之。不可使知

曾子曰："士不可以不弘毅，任重而道远。"

——《论语·泰伯篇第八》

〔注 释〕

士：读书人。

弘：扩大，光大。

毅：意志坚强。

弘毅：抱负远大，意志坚强。

〔译 文〕

曾子说："作为读书人，必须刚毅而坚强，因为责任重大，需要长期奋斗。"

〔今 悟〕

"士不可以不弘毅，任重而道远"是《论语》中的励志名句，与《易经》所言"天行健，君子以自强不息"有异曲同工之妙，都是教人刚毅坚卓，发奋图强，永不停歇。对于志向远大的人而言，这是矢志不渝、不断进取的品格，以天下为己任的信念，改变世界的梦想。时常学之思之，可以不断提醒、鞭策和激励人。

子曰："兴于《诗》，立于礼，成于乐。"

——《论语·泰伯篇第八》

〔注 释〕

兴：兴起，开始。

立：成立，建立。

成：完成。

〔译 文〕

孔子说："开始于学习《诗经》，自立于学习周礼，完成于学习音乐。"

〔今 悟〕

"兴于《诗》，立于礼，成于乐"是孔子倡导提高人的修养的学习步骤。强调把学习《诗经》作为提高修养的开端，足见孔子对于诗词歌赋极其看重。中国是诗的国度，受《诗经》影响源远流长。诗起源于殷商，兴盛于唐宋，名家辈出，名篇闪烁。比兴而赋，雅颂有风，唐律宋韵，美妙纷呈。诗词歌赋作为人类所拥有的重要文学艺术，历来具有深厚文化底蕴和强大感染力。诗可以言物言志，怀古抒情；可以陶冶情操，启心立行。有诗就有生命活力，有诗就有多彩人生，有诗就有情怀远方……

子曰："学如不及，犹恐失之。"

——《论语·泰伯篇第八》

〔注 释〕

如：像，如同。

及：赶上，追上。

犹恐：仍然担心。

〔译 文〕

孔子说："做学问就像追赶什么似的，生怕赶不上；就是赶上了仍然担心又落下。"

〔今 悟〕

"学如不及，犹恐失之。"这里孔子讲的是一种积极的学习态度。不由得使人联想到马拉松赛跑，你追我赶，争先恐后，落在后边的人想赶超，跑在头里的人想继续保持领先。然而也有的人是重在参与，明知会名落孙山，也要磨炼身心，积极投身。争先恐后也好，重在参与也罢，都是一种心理状态、一种精神追求。超越他人与挑战自我，都可以认为是积极进取的、值得称道的人生态度。

附：

《论语》

学而篇第一

子曰："学而时习之，不亦说乎？有朋自远方来，不亦乐乎？人不知而不愠，不亦君子乎？"

有子曰："其为人也孝弟而好犯上者，鲜矣；不好犯上而好作乱者，未之有也。君子务本，本立而道生。孝弟也者，其为仁之本与！"

子曰："巧言令色，鲜矣仁！"

曾子曰："吾日三省吾身：为人谋而不忠乎？与朋友交而不信乎？传不习乎？"

子曰："道千乘之国，敬事而信，节用而爱人，使民以时。"

子曰："弟子入则孝，出则悌，谨而信，泛爱众，而亲仁。行有余力，则以学文。"

子夏曰："贤贤易色；事父母，能竭其力；事君，能致其身；与朋友交，言而有信。虽曰未学，吾必谓之学矣。"

子曰："君子不重则不威，学则不固。主忠信，无友不如己者。过，则勿惮改。"

曾子曰："慎终追远，民德归厚矣。"

子禽问于子贡曰："夫子至于是邦也，必闻其政，求之与？抑与之与？"子贡曰："夫子温、良、恭、俭、让以得之。夫子之求之也，其诸异乎人之求之与？"

子曰："父在，观其志；父没，观其行；三年无改于父之道，可谓孝矣。"

有子曰：“礼之用，和为贵。先王之道，斯为美，小大由之。有所不行，知和而和，不以礼节之，亦不可行也。”

有子曰：“信近于义，言可复也。恭近于礼，远耻辱也。因不失其亲，亦可宗也。”

子曰：“君子食无求饱，居无求安，敏于事而慎于言，就有道而正焉，可谓好学也已。”

子贡曰：“贫而无谄，富而无骄，何如？”子曰：“可也。未若贫而乐，富而好礼者也。”子贡曰：“《诗》云：‘如切如磋，如琢如磨’，其斯之谓与？”子曰：“赐也，始可与言《诗》已矣，告诸往而知来者。”

子曰：“不患人之不己知，患不知人也。”

为政篇第二

子曰：“为政以德，譬如北辰居其所而众星共之。”

子曰：“《诗》三百，一言以蔽之，曰‘思无邪’。”

子曰：“道之以政，齐之以刑，民免而无耻；道之以德，齐之以礼，有耻且格。”

子曰：“吾十有五而志于学，三十而立，四十而不惑，五十而知天命，六十而耳顺，七十而从心所欲，不逾矩。”

孟懿子问孝。子曰：“无违。”樊迟御，子告之曰：“孟孙问孝于我，我对曰‘无违’。”樊迟曰：“何谓也？”子曰：“生，事之以礼；死，葬之以礼，祭之以礼。”

孟武伯问孝。子曰：“父母唯其疾之忧。”

子游问孝。子曰：“今之孝者，是谓能养。至于犬马，皆能有养；不敬，何以别乎？”

子夏问孝。子曰：“色难。有事，弟子服其劳；有酒食，先生馔，曾是以为孝乎？”

子曰：“吾与回言终日，不违，如愚。退而省其私，亦足以发，回也不愚。”

子曰：“视其所以，观其所由，察其所安。人焉廋哉？人焉廋哉？”

子曰：“温故而知新，可以为师矣。”

子曰："君子不器。"

子贡问君子。子曰："先行其言而后从之。"

子曰："君子周而不比，小人比而不周。"

子曰："学而不思则罔，思而不学则殆。"

子曰："攻乎异端，斯害也已。"

子曰："由，诲女知之乎！知之为知之，不知为不知，是知也。"

子张学干禄。子曰："多闻阙疑，慎言其余，则寡尤；多见阙殆，慎行其余，则寡悔。言寡尤，行寡悔，禄在其中矣。"

哀公问曰："何为则民服？"孔子对曰："举直错诸枉，则民服；举枉错诸直，则民不服。"

季康子问："使民敬、忠以劝，如之何？"子曰："临之以庄，则敬；孝慈，则忠；举善而教不能，则劝。"

或谓孔子曰："子奚不为政？"子曰："《书》云：'孝乎惟孝，友于兄弟，施于有政。'是亦为政，奚其为为政？"

子曰："人而无信，不知其可也。大车无輗，小车无軏，其何以行之哉？"

子张问："十世可知也？"子曰："殷因于夏礼，所损益，可知也；周因于殷礼，所损益，可知也。其或继周者，虽百世，可知也。"

子曰："非其鬼而祭之，谄也。见义不为，无勇也。"

八佾篇第三

孔子谓季氏："八佾舞于庭，是可忍也，孰不可忍也？"

三家者以《雍》彻，子曰："'相维辟公，天子穆穆'，奚取于三家之堂？"

子曰："人而不仁，如礼何？人而不仁，如乐何？"

林放问礼之本。子曰："大哉问！礼，与其奢也，宁俭；丧，与其易也，宁戚。"

子曰："夷狄之有君，不如诸夏之亡也。"

季氏旅于泰山。子谓冉有曰："女弗能救与？"对曰："不能。"子曰："呜呼！曾谓泰山不如林放乎？"

子曰："君子无所争。必也射乎！揖让而升，下而饮。其争也君子。"

子夏问曰："'巧笑倩兮，美目盼兮，素以为绚兮。'何谓也？"子曰："绘事后素。"曰："礼后乎？"子曰："起予者商也，始可与言《诗》已矣。"

子曰："夏礼，吾能言之，杞不足征也；殷礼，吾能言之，宋不足征也。文献不足故也。足，则吾能征之矣。"

子曰："禘自既灌而往者，吾不欲观之矣。"

或问禘之说。子曰："不知也。知其说者之于天下也，其如示诸斯乎！"指其掌。

祭如在，祭神如神在。子曰："吾不与祭，如不祭。"

王孙贾问曰："'与其媚于奥，宁媚于灶'，何谓也？"子曰："不然，获罪于天，无所祷也。"

子曰："周监于二代，郁郁乎文哉！吾从周。"

子入太庙，每事问。或曰："孰谓鄹人之子知礼乎？入太庙，每事问。"子闻之，曰："是礼也。"

子曰："射不主皮，为力不同科，古之道也。"

子贡欲去告朔之饩羊。子曰："赐也！尔爱其羊，我爱其礼。"

子曰："事君尽礼，人以为谄也。"

定公问："君使臣，臣事君，如之何？"孔子对曰："君使臣以礼，臣事君以忠。"

子曰："《关雎》，乐而不淫，哀而不伤。"

哀公问社于宰我。宰我对曰："夏后氏以松，殷人以柏，周人以栗，曰使民战栗。"子闻之，曰："成事不说，遂事不谏，既往不咎。"

子曰："管仲之器小哉！"或曰："管仲俭乎？"曰："管氏有三归，官事不摄，焉得俭？""然则管仲知礼乎？"曰："邦君树塞门，管氏亦树塞门。邦君为两君之好，有反坫，管氏亦有反坫。管氏而知礼，孰不知礼？"

子语鲁大师乐，曰："乐其可知也：始作，翕如也；从之，纯如也，皦如也，绎如也，以成。"

仪封人请见，曰："君子之至于斯也，吾未尝不得见也。"从者见之。出曰：“二三子何患于丧乎？天下之无道也久矣，天将以夫子为木铎。”

子谓《韶》：“尽美矣，又尽善也。”谓《武》：“尽美矣，未尽善也。”

子曰：“居上不宽，为礼不敬，临丧不哀，吾何以观之哉？”

里仁篇第四

子曰：“里仁为美。择不处仁，焉得知？”

子曰：“不仁者不可以久处约，不可以长处乐。仁者安仁，知者利仁。”

子曰：“唯仁者能好人，能恶人。”

子曰：“苟志于仁矣，无恶也。”

子曰：“富与贵，是人之所欲也，不以其道得之，不处也；贫与贱，是人之所恶也，不以其道得之，不去也。君子去仁，恶乎成名？君子无终食之间违仁，造次必于是，颠沛必于是。”

子曰：“我未见好仁者，恶不仁者。好仁者，无以尚之；恶不仁者，其为仁矣，不使不仁者加乎其身。有能一日用其力于仁矣乎？我未见力不足者。盖有之矣，我未之见也。”

子曰：“人之过也，各于其党。观过，斯知仁矣。”

子曰：“朝闻道，夕死可矣。”

子曰：“士志于道，而耻恶衣恶食者，未足与议也。”

子曰：“君子之于天下也，无适也，无莫也，义之与比。”

子曰：“君子怀德，小人怀土；君子怀刑，小人怀惠。”

子曰：“放于利而行，多怨。”

子曰：“能以礼让为国乎？何有？不能以礼让为国，如礼何？”

子曰：“不患无位，患所以立。不患莫己知，求为可知也。”

子曰：“参乎！吾道一以贯之。”曾子曰：“唯。”子出，门人问曰：“何谓也？”曾子曰：“夫子之道，忠恕而已矣。”

子曰：“君子喻于义，小人喻于利。”

子曰：“见贤思齐焉，见不贤而内自省也。”

子曰：“事父母几谏，见志不从，又敬不违，劳而不怨。”

子曰："父母在，不远游，游必有方。"

子曰："三年无改于父之道，可谓孝矣。

子曰："父母之年，不可不知也。一则以喜，一则以惧。"

子曰．"古者言之不出，耻躬之不逮也。"

子曰："以约失之者鲜矣。"

子曰．"君子欲讷于言而敏于行。"

子曰："德不孤，必有邻。"

子游曰："事君数，斯辱矣；朋友数，斯疏矣。"

公冶长篇第五

子谓公冶长："可妻也。虽在缧绁之中，非其罪也！"以其子妻之。

子谓南容："邦有道，不废；邦无道，免于刑戮。"以其兄之子妻之。

子谓子贱："君子哉若人！鲁无君子者，斯焉取斯？"

子贡问曰："赐也何如？"子曰："女，器也。"曰："何器也？"曰："瑚琏也。"

或曰："雍也仁而不佞。"子曰："焉用佞？御人以口给，屡憎于人。不知其仁，焉用佞？"

子使漆雕开仕。对曰："吾斯之未能信。"子说。

子曰："道不行，乘桴浮于海。从我者，其由与？"子路闻之喜。子曰："由也好勇过我，无所取材。"

孟武伯问："子路仁乎？"子曰："不知也。"又问。子曰："由也，千乘之国，可使治其赋也，不知其仁也。""求也何如？"子曰："求也，千室之邑，百乘之家，可使为之宰也，不知其仁也。""赤也何如？"子曰："赤也，束带立于朝，可使与宾客言也，不知其仁也。"

子谓子贡曰："女与回也孰愈？"对曰："赐也何敢望回？回也闻一以知十，赐也闻一以知二。"子曰："弗如也，吾与女弗如也！"

宰予昼寝。子曰："朽木不可雕也，粪土之墙不可杇也。于予与何诛？"子曰："始吾于人也，听其言而信其行；今吾于人也，听其言而观其行。于予与改是。"

子曰："吾未见刚者。"或对曰："申枨。"子曰："枨也欲，焉得刚？"

子贡曰:“我不欲人之加诸我也，吾亦欲无加诸人。”子曰:“赐也，非尔所及也。”

子贡曰:“夫子之文章，可得而闻也；夫子之言性与天道，不可得而闻也。”

子路有闻，未之能行，唯恐有闻。

子贡问曰:“孔文子何以谓之‘文’也？”子曰:“敏而好学，不耻下问，是以谓之‘文’也。”

子谓子产:“有君子之道四焉：其行己也恭，其事上也敬，其养民也惠，其使民也义。”

子曰:“晏平仲善与人交，久而敬之。”

子曰:“臧文仲居蔡，山节藻棁，何如其知也？”

子张问曰:“令尹子文三仕为令尹，无喜色；三已之，无愠色。旧令尹之政，必以告新令尹。何如？”子曰:“忠矣。”曰:“仁矣乎？”曰:“未知，焉得仁？”“崔子弑齐君，陈文子有马十乘，弃而违之。至于他邦，则曰:‘犹吾大夫崔子也。’违之。之一邦，则又曰:‘犹吾大夫崔子也。’违之。何如？”子曰:“清矣。”曰:“仁矣乎？”曰:“未知，焉得仁？”

季文子三思而后行。子闻之，曰:“再，斯可矣。”

子曰:“宁武子，邦有道，则知；邦无道，则愚。其知可及也，其愚不可及也。”

子在陈，曰:“归与！归与！吾党之小子狂简，斐然成章，不知所以裁之。”

子曰:“伯夷、叔齐不念旧恶，怨是用希。”

子曰:“孰谓微生高直？或乞醯焉，乞诸其邻而与之。”

子曰:“巧言、令色、足恭，左丘明耻之，丘亦耻之。匿怨而友其人，左丘明耻之，丘亦耻之。”

颜渊、季路侍。子曰:“盍各言尔志？”子路曰:“愿车马衣轻裘与朋友共敝之而无憾。”颜渊曰:“愿无伐善，无施劳。”子路曰:“愿闻子之志。”子曰:“老者安之，朋友信之，少者怀之。”

子曰:“已矣乎！吾未见能见其过而内自讼者也。”

子曰：“十室之邑，必有忠信如丘者焉，不如丘之好学也。”

雍也篇第六

子曰：“雍也可使南面。”

仲弓问子桑伯子。子曰：“可也，简。”仲弓曰：“居敬而行简，以临其民，不亦可乎？居简而行简，无乃大简乎？”子曰：“雍之言然。”

哀公问：“弟子孰为好学？”孔子对曰：“有颜回者好学，不迁怒，不贰过。不幸短命死矣，今也则亡，未闻好学者也。”

子华使于齐，冉子为其母请粟。子曰：“与之釜。”请益。曰：“与之庾。”冉子与之粟五秉。子曰：“赤之适齐也，乘肥马，衣轻裘。吾闻之也：君子周急不继富。”

原思为之宰，与之粟九百，辞。子曰：“毋！以与尔邻里乡党乎！”

子谓仲弓曰：“犁牛之子骍且角，虽欲勿用，山川其舍诸？”

子曰：“回也，其心三月不违仁，其余则日月至焉而已矣。”

季康子问：“仲由可使从政也与？”子曰：“由也果，于从政乎何有？”曰：“赐也可使从政也与？”曰：“赐也达，于从政乎何有？”曰：“求也可使从政也与？”曰：“求也艺，于从政乎何有？”

季氏使闵子骞为费宰。闵子骞曰：“善为我辞焉！如有复我者，则吾必在汶上矣。”

伯牛有疾，子问之，自牖执其手，曰：“亡之，命矣夫！斯人也而有斯疾也！斯人也而有斯疾也！”

子曰：“贤哉，回也！一箪食，一瓢饮，在陋巷，人不堪其忧，回也不改其乐。贤哉，回也！”

冉求曰：“非不说子之道，力不足也。”子曰：“力不足者，中道而废。今女画。”

子谓子夏曰：“女为君子儒，无为小人儒。”

子游为武城宰。子曰：“女得人焉耳乎？”曰：“有澹台灭明者，行不由径，非公事，未尝至于偃之室也。”

子曰：“孟之反不伐，奔而殿，将入门，策其马，曰：‘非敢后也，马不进也。’”

子曰：“不有祝鮀之佞，而有宋朝之美，难乎免于今之世矣。”

子曰：“谁能出不由户？何莫由斯道也？”

子曰：“质胜文则野，文胜质则史。文质彬彬，然后君子。”

子曰：“人之生也直，罔之生也幸而免。”

子曰：“知之者不如好之者，好之者不如乐之者。”

子曰：“中人以上，可以语上也；中人以下，不可以语上也。”

樊迟问知。子曰：“务民之义，敬鬼神而远之，可谓知矣。”问仁。曰：“仁者先难而后获，可谓仁矣。”

子曰：“知者乐水，仁者乐山。知者动，仁者静。知者乐，仁者寿。”

子曰：“齐一变，至于鲁；鲁一变，至于道。”

子曰：“觚不觚，觚哉！觚哉！”

宰我问曰：“仁者，虽告之曰‘井有仁焉’，其从之也？”子曰：“何为其然也？君子可逝也，不可陷也；可欺也，不可罔也。”

子曰：“君子博学于文，约之以礼，亦可以弗畔矣夫！”

子见南子，子路不说。夫子矢之曰：“予所否者，天厌之！天厌之！”

子曰：“中庸之为德也，其至矣乎！民鲜久矣。”

子贡曰：“如有博施于民而能济众，何如？可谓仁乎？”子曰：“何事于仁，必也圣乎！尧舜其犹病诸！夫仁者，己欲立而立人，己欲达而达人。能近取譬，可谓仁之方也已。”

述而篇第七

子曰：“述而不作，信而好古，窃比于我老彭。”

子曰：“默而识之，学而不厌，诲人不倦，何有于我哉？”

子曰：“德之不修，学之不讲，闻义不能徙，不善不能改，是吾忧也。”

子之燕居，申申如也，夭夭如也。

子曰：“甚矣，吾衰也！久矣，吾不复梦见周公。”

子曰：“志于道，据于德，依于仁，游于艺。”

子曰："自行束脩以上，吾未尝无诲焉。"

子曰："不愤不启，不悱不发。举一隅不以三隅反，则不复也。"

子食于有丧者之侧，未尝饱也。

子于是日哭，则不歌。

子谓颜渊曰："用之则行，舍之则藏，惟我与尔有是夫！"子路曰："子行三军，则谁与？"子曰："暴虎冯河，死而无悔者，吾不与也。必也临事而惧，好谋而成者也。"

子曰："富而可求也，虽执鞭之士，吾亦为之。如不可求，从吾所好。"

子之所慎：齐，战，疾。

子在齐闻《韶》，三月不知肉味，曰："不图为乐之至于斯也。"

冉有曰："夫子为卫君乎？"子贡曰："诺，吾将问之。"入，曰："伯夷、叔齐何人也？"曰："古之贤人也。"曰："怨乎？"曰："求仁而得仁，又何怨？"出，曰："夫子不为也。"

子曰："饭疏食饮水，曲肱而枕之，乐亦在其中矣。不义而富且贵，于我如浮云。"

子曰："加我数年，五十以学《易》，可以无大过矣。"

子所雅言，《诗》、《书》、执礼，皆雅言也。

叶公问孔子于子路，子路不对。子曰："女奚不曰，其为人也，发愤忘食，乐以忘忧，不知老之将至云尔。"

子曰："我非生而知之者，好古，敏以求之者也。"

子不语怪、力、乱、神。

子曰："三人行，必有我师焉：择其善者而从之，其不善者而改之。"

子曰："天生德于予，桓魋其如予何？"

子曰："二三子以我为隐乎？吾无隐乎尔。吾无行而不与二三子者，是丘也。"

子以四教：文，行，忠，信。

子曰："圣人，吾不得而见之矣；得见君子者，斯可矣。"子曰："善人，吾不得而见之矣；得见有恒者，斯可矣。亡而为有，虚而为盈，约而为泰，难乎有恒矣。”

子钓而不纲，弋不射宿。

子曰：“盖有不知而作之者，我无是也。多闻，择其善者而从之；多见而识之，知之次也。”

互乡难与言，童子见，门人惑。子曰：“与其进也，不与其退也，唯何甚？人洁己以进，与其洁也，不保其往也。”

子曰：“仁远乎哉？我欲仁，斯仁至矣。”

陈司败问：“昭公知礼乎？”孔子曰：“知礼。”孔子退，揖巫马期而进之，曰：“吾闻君子不党，君子亦党乎？君取于吴，为同姓，谓之吴孟子。君而知礼，孰不知礼？”巫马期以告。子曰：“丘也幸，苟有过，人必知之。”

子与人歌而善，必使反之，而后和之。

子曰：“文，莫吾犹人也。躬行君子，则吾未之有得。”

子曰：“若圣与仁，则吾岂敢？抑为之不厌，诲人不倦，则可谓云尔已矣。”公西华曰：“正唯弟子不能学也。”

子疾病，子路请祷。子曰：“有诸？”子路对曰：“有之。《诔》曰：‘祷尔于上下神祇。’”子曰：“丘之祷久矣。”

子曰：“奢则不孙，俭则固。与其不孙也，宁固。”

子曰：“君子坦荡荡，小人长戚戚。”

子温而厉，威而不猛，恭而安。

泰伯篇第八

子曰：“泰伯，其可谓至德也已矣。三以天下让，民无得而称焉。”

子曰：“恭而无礼则劳，慎而无礼则葸，勇而无礼则乱，直而无礼则绞。君子笃于亲，则民兴于仁；故旧不遗，则民不偷。”

曾子有疾，召门弟子曰：“启予足！启予手！《诗》云：‘战战兢兢，如临深渊，如履薄冰。’而今而后，吾知免夫，小子！”

曾子有疾，孟敬子问之。曾子言曰：“鸟之将死，其鸣也哀；人之将死，其言也善。君子所贵乎道者三：动容貌，斯远暴慢矣；正颜色，斯近信矣；出辞气，斯远鄙倍矣。笾豆之事，则有司存。”

曾子曰："以能问于不能，以多问于寡；有若无，实若虚，犯而不校。昔者吾友尝从事于斯矣。"

曾子曰："可以托六尺之孤，可以寄百里之命，临大节而不可夺也——君子人与？君子人也。"

曾子曰："士不可以不弘毅，任重而道远。仁以为己任，不亦重乎？死而后已，不亦远乎？"

子曰："兴于《诗》，立于礼，成于乐。"

子曰："民可使由之，不可使知之。"

子曰："好勇疾贫，乱也。人而不仁，疾之已甚，乱也。"

子曰："如有周公之才之美，使骄且吝，其余不足观也已。"

子曰："三年学，不至于谷，不易得也。"

子曰："笃信好学，守死善道。危邦不入，乱邦不居。天下有道则见，无道则隐。邦有道，贫且贱焉，耻也；邦无道，富且贵焉，耻也。"

子曰："不在其位，不谋其政。"

子曰："师挚之始，《关雎》之乱，洋洋乎盈耳哉！"

子曰："狂而不直，侗而不愿，悾悾而不信，吾不知之矣。"

子曰："学如不及，犹恐失之。"

子曰："巍巍乎，舜禹之有天下也而不与焉！"

子曰："大哉，尧之为君也！巍巍乎，唯天为大，唯尧则之。荡荡乎，民无能名焉。巍巍乎其有成功也，焕乎其有文章！"

舜有臣五人而天下治。武王曰："予有乱臣十人。"孔子曰："才难，不其然乎？唐虞之际，于斯为盛。有妇人焉，九人而已。三分天下有其二，以服事殷。周之德，其可谓至德也已矣。"

子曰："禹，吾无间然矣。菲饮食而致孝乎鬼神，恶衣服而致美乎黻冕，卑宫室而尽力乎沟洫。禹，吾无间然矣。"

子罕篇第九

子罕言利与命与仁。

达巷党人曰："大哉孔子！博学而无所成名。"子闻之，谓门弟子曰："吾何执？执御乎？执射乎？吾执御矣。"

子曰："麻冕，礼也；今也纯，俭，吾从众。拜下，礼也；今拜乎上，泰也。虽违众，吾从下。"

子绝四：毋意，毋必，毋固，毋我。

子畏于匡，曰："文王既没，文不在兹乎？天之将丧斯文也，后死者不得与于斯文也；天之未丧斯文也，匡人其如予何？"

太宰问于子贡曰："夫子圣者与？何其多能也？"子贡曰："固天纵之将圣，又多能也。"子闻之，曰："太宰知我乎！吾少也贱，故多能鄙事。君子多乎哉？不多也。"

牢曰："子云：'吾不试，故艺。'"

子曰："吾有知乎哉？无知也。有鄙夫问于我，空空如也。我叩其两端而竭焉。"

子曰："凤鸟不至，河不出图，吾已矣夫！"

子见齐衰者、冕衣裳者与瞽者，见之，虽少，必作；过之，必趋。

颜渊喟然叹曰："仰之弥高，钻之弥坚。瞻之在前，忽焉在后。夫子循循然善诱人，博我以文，约我以礼，欲罢不能。既竭吾才，如有所立卓尔，虽欲从之，末由也已。"

子疾病，子路使门人为臣。病间，曰："久矣哉，由之行诈也！无臣而为有臣。吾谁欺？欺天乎？且予与其死于臣之手也，无宁死于二三子之手乎！且予纵不得大葬，予死于道路乎？"

子贡曰："有美玉于斯，韫椟而藏诸？求善贾而沽诸？"子曰："沽之哉，沽之哉！我待贾者也。"

子欲居九夷。或曰："陋，如之何？"子曰："君子居之，何陋之有？"

子曰："吾自卫反鲁，然后乐正，《雅》《颂》各得其所。"

子曰："出则事公卿，入则事父兄，丧事不敢不勉，不为酒困，何有于我哉？"

子在川上曰："逝者如斯夫！不舍昼夜。"

子曰："吾未见好德如好色者也。"

子曰："譬如为山，未成一篑，止，吾止也。譬如平地，虽覆一篑，进，吾往也。”

子曰：“语之而不惰者，其回也与！”

子谓颜渊，曰：“惜乎！吾见其进也，未见其止也。”

子曰：“苗而不秀者有矣夫！秀而不实者有矣夫！”

子曰：“后生可畏，焉知来者之不如今也？四十、五十而无闻焉，斯亦不足畏也已。”

子曰：“法语之言，能无从乎？改之为贵。巽与之言，能无说乎？绎之为贵。说而不绎，从而不改，吾末如之何也已矣。”

子曰：“主忠信。毋友不如己者，过，则勿惮改。”

子曰：“三军可夺帅也，匹夫不可夺志也。”

子曰：“衣敝缊袍，与衣狐貉者立而不耻者，其由也与？‘不忮不求，何用不臧？’”子路终身诵之。子曰：“是道也，何足以臧？”

子曰：“岁寒，然后知松柏之后凋也。”

子曰：“知者不惑，仁者不忧，勇者不惧。”

子曰：“可与共学，未可与适道；可与适道，未可与立；可与立，未可与权。”

“唐棣之华，偏其反而。岂不尔思？室是远而。”子曰：“未之思也，夫何远之有？”

乡党篇第十

孔子于乡党，恂恂如也，似不能言者。其在宗庙朝廷，便便言，唯谨尔。

朝，与下大夫言，侃侃如也；与上大夫言，訚訚如也。君在，踧踖如也，与与如也。

君召使摈，色勃如也，足躩如也。揖所与立，左右手，衣前后，襜如也。趋进，翼如也。宾退，必复命曰：“宾不顾矣。”

入公门，鞠躬如也，如不容。立不中门，行不履阈。过位，色勃如也，足躩如也，其言似不足者。摄齐升堂，鞠躬如也，屏气似不息者。出，降一等，逞颜色，怡怡如也。没阶，趋进，翼如也。复其位，踧踖如也。

执圭，鞠躬如也，如不胜。上如揖，下如授。勃如战色，足蹜蹜如有循。享礼，有容色。私觌，愉愉如也。

君子不以绀緅饰，红紫不以为亵服。当暑，袗絺绤，必表而出之。缁衣，羔裘；素衣，麑裘；黄衣，狐裘。亵裘长，短右袂。必有寝衣，长一身有半。狐貉之厚以居。去丧，无所不佩。非帷裳，必杀之。羔裘玄冠不以吊。吉月，必朝服而朝。

齐，必有明衣，布。齐必变食，居必迁坐。

食不厌精，脍不厌细。食饐而餲，鱼馁而肉败，不食。色恶，不食。臭恶，不食。失饪，不食。不时，不食。割不正，不食。不得其酱，不食。肉虽多，不使胜食气。唯酒无量，不及乱。沽酒市脯，不食。不撤姜食，不多食。

祭于公，不宿肉。祭肉不出三日。出三日，不食之矣。

食不语，寝不言。

虽疏食菜羹，瓜祭，必齐如也。

席不正，不坐。

乡人饮酒，杖者出，斯出矣。

乡人傩，朝服而立于阼阶。

问人于他邦，再拜而送之。

康子馈药，拜而受之。曰："丘未达，不敢尝。"

厩焚。子退朝，曰："伤人乎？"不问马。

君赐食，必正席先尝之。君赐腥，必熟而荐之。君赐生，必畜之。侍食于君，君祭，先饭。

疾，君视之，东首，加朝服，拖绅。

君命召，不俟驾行矣。

入太庙，每事问。

朋友死，无所归，曰："于我殡。"

朋友之馈，虽车马，非祭肉，不拜。

寝不尸，居不客。

见齐衰者，虽狎，必变。见冕者与瞽者，虽亵，必以貌。凶服者式之。式负版者。有盛馔，必变色而作。迅雷风烈必变。

升车，必正立，执绥。车中不内顾，不疾言，不亲指。

色斯举矣，翔而后集。曰：“山梁雌雉，时哉时哉！”子路共之，三嗅而作。

先进篇第十一

子曰：“先进于礼乐，野人也；后进于礼乐，君子也。如用之，则吾从先进。”

子曰：“从我于陈、蔡者，皆不及门也。”

德行：颜渊，闵子骞，冉伯牛，仲弓。言语：宰我，子贡。政事：冉有，季路。文学：子游，子夏。

子曰：“回也非助我者也，于吾言无所不说。”

子曰：“孝哉闵子骞！人不间于其父母昆弟之言。”

南容三复白圭，孔子以其兄之子妻之。

季康子问：“弟子孰为好学？”孔子对曰：“有颜回者好学，不幸短命死矣，今也则亡。”

颜渊死，颜路请子之车以为之椁。子曰：“才不才，亦各言其子也。鲤也死，有棺而无椁。吾不徒行以为之椁。以吾从大夫之后，不可徒行也。”

颜渊死。子曰：“噫！天丧予！天丧予！”

颜渊死，子哭之恸。从者曰：“子恸矣！”曰：“有恸乎？非夫人之为恸而谁为？”

颜渊死，门人欲厚葬之。子曰：“不可。”门人厚葬之。子曰：“回也视予犹父也，予不得视犹子也。非我也，夫二三子也。”

季路问事鬼神。子曰：“未能事人，焉能事鬼？”曰：“敢问死。”曰：“未知生，焉知死？”

闵子侍侧，訚訚如也；子路，行行如也；冉有、子贡，侃侃如也。子乐。“若由也，不得其死然。”

鲁人为长府，闵子骞曰：“仍旧贯，如之何？何必改作？”子曰：“夫人不言，言必有中。”

子曰：“由之瑟奚为于丘之门？”门人不敬子路。子曰：“由也升堂矣，未入于室也。”

子贡问：“师与商也孰贤？”子曰：“师也过，商也不及。”曰：“然则师愈与？”子曰：“过犹不及。”

季氏富于周公，而求也为之聚敛而附益之。子曰：“非吾徒也。小子鸣鼓而攻之可也。”

柴也愚，参也鲁，师也辟，由也喭。

子曰：“回也其庶乎，屡空。赐不受命，而货殖焉，亿则屡中。”

子张问善人之道。子曰：“不践迹，亦不入于室。”

子曰：“论笃是与，君子者乎？色庄者乎？”

子路问：“闻斯行诸？”子曰：“有父兄在，如之何其闻斯行之？”冉有问：“闻斯行诸？”子曰：“闻斯行之。”公西华曰：“由也问‘闻斯行诸’，子曰‘有父兄在’；求也问‘闻斯行诸’，子曰‘闻斯行之’。赤也惑，敢问。”子曰：“求也退，故进之；由也兼人，故退之。”

子畏于匡，颜渊后。子曰：“吾以女为死矣！”曰：“子在，回何敢死！”

季子然问：“仲由、冉求可谓大臣与？”子曰：“吾以子为异之问，曾由与求之问。所谓大臣者，以道事君，不可则止。今由与求也，可谓具臣矣。”曰：“然则从之者与？”子曰：“弑父与君，亦不从也。”

子路使子羔为费宰。子曰：“贼夫人之子。”子路曰：“有民人焉，有社稷焉，何必读书然后为学？”子曰：“是故恶夫佞者。”

子路、曾皙、冉有、公西华侍坐。子曰：“以吾一日长乎尔，毋吾以也。居则曰：‘不吾知也！’如或知尔，则何以哉？”子路率尔而对曰：“千乘之国，摄乎大国之间，加之以师旅，因之以饥馑。由也为之，比及三年，可使有勇，且知方也。”夫子哂之。“求，尔何如？”对曰：“方六七十，如五六十，求也为之，比及三年，可使足民。如其礼乐，以俟君子。”“赤，尔何如？”对曰：“非曰能之，愿学焉。宗庙之事，如会同，端章甫，愿为小相焉。”“点，尔何如？”鼓瑟希，铿尔，舍瑟而作，对曰：“异乎三子者之撰。”子曰：“何伤乎？亦各言其志也。”曰：“莫春者，春服既成，冠者五六人，童子六七人，浴乎沂，风乎舞雩，咏而归。”夫子喟然叹曰：“吾与点也！”三子者出，曾皙后。曾皙曰:“夫三子者之言何如?”子曰:“亦各言其志也已矣。”曰:“夫子何哂由也?”曰:“为国以礼,其言不让,是故哂之。”“唯求则非邦也与?”“安见方六七十如五六十而非邦也者?”“唯赤则非邦也与?”“宗庙会同,非诸侯而何?赤也为之小,孰能为之大?”

颜渊篇第十二

颜渊问仁。子曰:“克己复礼为仁。一日克己复礼,天下归仁焉。为仁由己,而由人乎哉?”颜渊曰:“请问其目。”子曰:“非礼勿视,非礼勿听,非礼勿言,非礼勿动。”颜渊曰:“回虽不敏,请事斯语矣。”

仲弓问仁。子曰:“出门如见大宾,使民如承大祭。己所不欲,勿施于人。在邦无怨,在家无怨。”仲弓曰:“雍虽不敏,请事斯语矣。”

司马牛问仁。子曰:“仁者,其言也讱。”曰:“其言也讱,斯谓之仁已乎?”子曰:“为之难,言之得无讱乎?”

司马牛问君子。子曰:“君子不忧不惧。”曰:“不忧不惧,斯谓之君子已乎?”子曰:“内省不疚,夫何忧何惧?”

司马牛忧曰:“人皆有兄弟,我独亡。”子夏曰:“商闻之矣:死生有命,富贵在天。君子敬而无失,与人恭而有礼。四海之内皆兄弟也。君子何患乎无兄弟也?”

子张问明。子曰:“浸润之谮,肤受之愬,不行焉,可谓明也已矣。浸润之谮,肤受之愬,不行焉,可谓远也已矣。”

子贡问政。子曰:“足食,足兵,民信之矣。”子贡曰:“必不得已而去,于斯三者何先?”曰:“去兵。”子贡曰:“必不得已而去,于斯二者何先?”曰:“去食。自古皆有死,民无信不立。”

棘子成曰:“君子质而已矣,何以文为?”子贡曰:“惜乎,夫子之说君子也!驷不及舌。文犹质也,质犹文也。虎豹之鞟犹犬羊之鞟。”

哀公问于有若曰:“年饥,用不足,如之何?”有若对曰:“盍彻乎?”曰:“二,吾犹不足,如之何其彻也?”对曰:“百姓足,君孰与不足?百姓不足,君孰与足?”

子张问崇德辨惑。子曰:“主忠信,徙义,崇德也。爱之欲其生,恶之欲其死。既欲其生,又欲其死,是惑也。‘诚不以富,亦只以异。’”

齐景公问政于孔子。孔子对曰:“君君，臣臣，父父，子子。”公曰:“善哉！信如君不君，臣不臣，父不父，子不子，虽有粟，吾得而食诸？”

子曰:“片言可以折狱者，其由也与？”子路无宿诺。

子曰:“听讼，吾犹人也。必也使无讼乎！”

子张问政。子曰:“居之无倦，行之以忠。”

子曰:“博学于文，约之以礼，亦可以弗畔矣夫！”

子曰:“君子成人之美，不成人之恶。小人反是。”

季康子问政于孔子。孔子对曰:“政者，正也。子帅以正，孰敢不正？”

季康子患盗，问于孔子。孔子对曰:“苟子之不欲，虽赏之不窃。”

季康子问政于孔子曰:“如杀无道以就有道，何如？”孔子对曰:“子为政，焉用杀？子欲善而民善矣。君子之德风，小人之德草。草上之风必偃。”

子张问:“士何如斯可谓之达矣？”子曰:“何哉，尔所谓达者？”子张对曰:“在邦必闻，在家必闻。”子曰:“是闻也，非达也。夫达也者，质直而好义，察言而观色，虑以下人。在邦必达，在家必达。夫闻也者，色取仁而行违，居之不疑。在邦必闻，在家必闻。”

樊迟从游于舞雩之下，曰:“敢问崇德、修慝、辨惑。”子曰:“善哉问！先事后得，非崇德与？攻其恶，无攻人之恶，非修慝与？一朝之忿，忘其身，以及其亲，非惑与？”

樊迟问仁。子曰:“爱人。”问知。子曰:“知人。”樊迟未达。子曰:“举直错诸枉，能使枉者直。”樊迟退，见子夏，曰:“乡也吾见于夫子而问知，子曰:‘举直错诸枉，能使枉者直。’何谓也？”子夏曰:“富哉言乎！舜有天下，选于众，举皋陶，不仁者远矣。汤有天下，选于众，举伊尹，不仁者远矣。”

子贡问友。子曰:“忠告而善道之，不可则止，毋自辱焉。”

曾子曰:“君子以文会友，以友辅仁。”

子路篇第十三

子路问政。子曰："先之，劳之。"请益。曰："无倦。"

仲弓为季氏宰，问政。子曰："先有司，赦小过，举贤才。"曰："焉知贤才而举之？"子曰："举尔所知。尔所不知，人其舍诸？"

子路曰："卫君待子而为政，子将奚先？"子曰："必也正名乎！"子路曰："有是哉，子之迂也！奚其正？"子曰："野哉，由也！君子于其所不知，盖阙如也。名不正，则言不顺；言不顺，则事不成；事不成，则礼乐不兴；礼乐不兴，则刑罚不中；刑罚不中，则民无所错手足。故君子名之必可言也，言之必可行也。君子于其言，无所苟而已矣。"

樊迟请学稼。子曰："吾不如老农。"请学为圃。曰："吾不如老圃。"樊迟出。子曰："小人哉，樊须也！上好礼，则民莫敢不敬；上好义，则民莫敢不服；上好信，则民莫敢不用情。夫如是，则四方之民襁负其子而至矣，焉用稼？"

子曰："诵《诗》三百，授之以政，不达；使于四方，不能专对；虽多，亦奚以为？"

子曰："其身正，不令而行；其身不正，虽令不从。"

子曰："鲁卫之政，兄弟也。"

子谓卫公子荆："善居室。始有，曰：'苟合矣。'少有，曰：'苟完矣。'富有，曰：'苟美矣。'"

子适卫，冉有仆。子曰："庶矣哉！"冉有曰："既庶矣，又何加焉？"曰："富之。"曰："既富矣，又何加焉？"曰："教之。"

子曰："苟有用我者，期月而已可也，三年有成。"

子曰："'善人为邦百年，亦可以胜残去杀矣。'诚哉是言也！"

子曰："如有王者，必世而后仁。"

子曰："苟正其身矣，于从政乎何有？不能正其身，如正人何？"

冉子退朝。子曰："何晏也？"对曰："有政。"子曰："其事也。如有政，虽不吾以，吾其与闻之。"

定公问："一言而可以兴邦，有诸？"孔子对曰："言不可以若是其几也。人之言曰：'为君难，为臣不易。'如知为君之难也，不几乎一言而兴邦乎？”曰：“一言而丧邦，有诸？”孔子对曰：“言不可以若是其几也。人之言曰：‘予无乐乎为君，唯其言而莫予违也。’如其善而莫之违也，不亦善乎？如不善而莫之违也，不几乎一言而丧邦乎？”

叶公问政。子曰：“近者说，远者来。”

子夏为莒父宰，问政。子曰：“无欲速，无见小利。欲速则不达，见小利则大事不成。”

叶公语孔子曰：“吾党有直躬者，其父攘羊，而子证之。”孔子曰：“吾党之直者异于是：父为子隐，子为父隐。直在其中矣。”

樊迟问仁。子曰：“居处恭，执事敬，与人忠。虽之夷狄，不可弃也。”

子贡问曰：“何如斯可谓之士矣？”子曰：“行己有耻，使于四方不辱君命，可谓士矣。”曰：“敢问其次。”曰：“宗族称孝焉，乡党称弟焉。”曰：“敢问其次。”曰：“言必信，行必果，硁硁然小人哉！抑亦可以为次矣。”曰：“今之从政者何如？”子曰：“噫！斗筲之人，何足算也！”

子曰：“不得中行而与之，必也狂狷乎！狂者进取，狷者有所不为也。”

子曰：“南人有言曰：‘人而无恒，不可以作巫医。’善夫！”“不恒其德，或承之羞。”子曰：“不占而已矣。”

子曰：“君子和而不同，小人同而不和。”

子贡问曰：“乡人皆好之，何如？”子曰：“未可也。”“乡人皆恶之，何如？”子曰：“未可也；不如乡人之善者好之，其不善者恶之。”

子曰：“君子易事而难说也。说之不以道，不说也；及其使人也，器之。小人难事而易说也。说之虽不以道，说也；及其使人也，求备焉。”

子曰：“君子泰而不骄，小人骄而不泰。”

子曰：“刚、毅、木、讷近仁。”

子路问曰：“何如斯可谓之士矣？”子曰：“切切偲偲，怡怡如也，可谓士矣。朋友切切偲偲，兄弟怡怡。”

子曰："善人教民七年，亦可以即戎矣。"

子曰："以不教民战，是谓弃之。"

宪问篇第十四

宪问耻。子曰："邦有道，谷；邦无道，谷，耻也。""克、伐、怨、欲不行焉，可以为仁矣？"子曰："可以为难矣，仁则吾不知也。"

子曰："士而怀居，不足以为士矣。"

子曰："邦有道，危言危行；邦无道，危行言孙。"

子曰："有德者必有言，有言者不必有德。仁者必有勇，勇者不必有仁。"

南宫适问于孔子曰："羿善射，奡荡舟，俱不得其死然。禹稷躬稼而有天下。"夫子不答。南宫适出，子曰："君子哉若人！尚德哉若人！"

子曰："君子而不仁者有矣夫，未有小人而仁者也。"

子曰："爱之，能勿劳乎？忠焉，能勿诲乎？"

子曰："为命，裨谌草创之，世叔讨论之，行人子羽修饰之，东里子产润色之。"

或问子产。子曰："惠人也。"问子西。曰："彼哉，彼哉！"问管仲。曰："人也。夺伯氏骈邑三百，饭疏食，没齿无怨言。"

子曰："贫而无怨难，富而无骄易。"

子曰："孟公绰为赵魏老则优，不可以为滕薛大夫。"

子路问成人。子曰："若臧武仲之知，公绰之不欲，卞庄子之勇，冉求之艺，文之以礼乐，亦可以为成人矣。"曰："今之成人者何必然？见利思义，见危授命，久要不忘平生之言，亦可以为成人矣。"

子问公叔文子于公明贾曰："信乎，夫子不言，不笑，不取乎？"公明贾对曰："以告者过也。夫子时然后言，人不厌其言；乐然后笑，人不厌其笑；义然后取，人不厌其取。"子曰："其然？岂其然乎？"

子曰："臧武仲以防求为后于鲁，虽曰不要君，吾不信也。"

子曰："晋文公谲而不正，齐桓公正而不谲。"

子路曰："桓公杀公子纠，召忽死之，管仲不死。"曰："未仁乎？"

子曰："桓公九合诸侯不以兵车，管仲之力也。如其仁，如其仁！"

子贡曰："管仲非仁者与？桓公杀公子纠，不能死，又相之。"子曰："管仲相桓公，霸诸侯，一匡天下，民到于今受其赐。微管仲，吾其被发左衽矣。岂若匹夫匹妇之为谅也，自经于沟渎而莫之知也？"

公叔文子之臣大夫僎与文子同升诸公。子闻之，曰："可以为'文'矣。"

子言卫灵公之无道也。康子曰："夫如是，奚而不丧？"孔子曰："仲叔圉治宾客，祝鮀治宗庙，王孙贾治军旅。夫如是，奚其丧？"

子曰："其言之不怍，则为之也难。"

陈成子弑简公。孔子沐浴而朝，告于哀公曰："陈恒弑其君，请讨之。"公曰："告夫三子。"孔子曰："以吾从大夫之后，不敢不告也。君曰'告夫三子'者！"之三子告，不可。孔子曰："以吾从大夫之后，不敢不告也。"

子路问事君。子曰："勿欺也，而犯之。"

子曰："君子上达，小人下达。"

子曰："古之学者为己，今之学者为人。"

蘧伯玉使人于孔子。孔子与之坐而问焉，曰："夫子何为？"对曰："夫子欲寡其过而未能也。"使者出。子曰："使乎！使乎！"

子曰："不在其位，不谋其政。"曾子曰："君子思不出其位。"

子曰："君子耻其言而过其行。"

子曰："君子道者三，我无能焉：仁者不忧，知者不惑，勇者不惧。"子贡曰："夫子自道也。"

子贡方人。子曰："赐也贤乎哉？夫我则不暇。"

子曰："不患人之不己知，患其不能也。"

子曰："不逆诈，不亿不信，抑亦先觉者，是贤乎！"

微生亩谓孔子曰："丘何为是栖栖者与？无乃为佞乎？"孔子曰："非敢为佞也，疾固也。"

子曰："骥不称其力，称其德也。"

或曰："以德报怨，何如？"子曰："何以报德？以直报怨，以德报德。"

子曰："莫我知也夫！"子贡曰："何为其莫知子也？"子曰："不怨天，不尤人，下学而上达。知我者其天乎！"

公伯寮愬子路于季孙。子服景伯以告，曰："夫子固有惑志于公伯寮，吾力犹能肆诸市朝。"子曰："道之将行也与，命也；道之将废也与，命也。公伯寮其如命何？"

子曰："贤者辟世，其次辟地，其次辟色，其次辟言。"子曰："作者七人矣。"

子路宿于石门。晨门曰："奚自？"子路曰："自孔氏。"曰："是知其不可而为之者与？"

子击磬于卫，有荷蒉而过孔氏之门者，曰："有心哉，击磬乎！"既而曰："鄙哉，硁硁乎！莫己知也，斯己而已矣。深则厉，浅则揭。"子曰："果哉！末之难矣。"

子张曰："《书》云'高宗谅阴，三年不言'，何谓也？"子曰："何必高宗，古之人皆然。君薨，百官总己以听于冢宰三年。"

子曰："上好礼，则民易使也。"

子路问君子。子曰："修己以敬。"曰："如斯而已乎？"曰："修己以安人。"曰："如斯而已乎？"曰："修己以安百姓。修己以安百姓，尧舜其犹病诸？"

原壤夷俟。子曰："幼而不孙弟，长而无述焉，老而不死，是为贼。"以杖叩其胫。

阙党童子将命。或问之曰："益者与？"子曰："吾见其居于位也，见其与先生并行也。非求益者也，欲速成者也。"

卫灵公篇第十五

卫灵公问陈于孔子。孔子对曰："俎豆之事，则尝闻之矣；军旅之事，未之学也。"明日遂行。

在陈绝粮，从者病，莫能兴。子路愠见曰："君子亦有穷乎？"子曰："君子固穷，小人穷斯滥矣。"

子曰："赐也，女以予为多学而识之者与？"对曰："然，非与？"曰："非也，予一以贯之。"

子曰："由，知德者鲜矣。"

子曰："无为而治者其舜也与？夫何为哉？恭己正南面而已矣。"

子张问行。子曰："言忠信，行笃敬，虽蛮貊之邦，行矣。言不忠信，行不笃敬，虽州里，行乎哉？立则见其参于前也，在舆则见其倚于衡也，夫然后行。"子张书诸绅。

子曰："直哉史鱼！邦有道如矢，邦无道如矢。君子哉蘧伯玉！邦有道则仕，邦无道则可卷而怀之。"

子曰："可与言而不与之言，失人；不可与言而与之言，失言。知者不失人，亦不失言。"

子曰："志士仁人，无求生以害仁，有杀身以成仁。"

子贡问为仁。子曰："工欲善其事，必先利其器。居是邦也，事其大夫之贤者，友其士之仁者。"

颜渊问为邦。子曰："行夏之时，乘殷之辂，服周之冕，乐则《韶》《舞》。放郑声，远佞人。郑声淫，佞人殆。"

子曰："人无远虑，必有近忧。"

子曰："已矣乎！吾未见好德如好色者也。"

子曰："臧文仲其窃位者与！知柳下惠之贤而不与立也。"

子曰："躬自厚而薄责于人，则远怨矣。"

子曰："不曰'如之何，如之何'者，吾末如之何也已矣。"

子曰："群居终日，言不及义，好行小慧，难矣哉！"

子曰："君子义以为质，礼以行之，孙以出之，信以成之。君子哉！"

子曰："君子病无能焉，不病人之不己知也。"

子曰："君子疾没世而名不称焉。"

子曰："君子求诸己，小人求诸人。"

子曰："君子矜而不争，群而不党。"

子曰："君子不以言举人，不以人废言。"

子贡问曰："有一言而可以终身行之者乎？"子曰："其恕乎！己所不欲，勿施于人。"

子曰："吾之于人也，谁毁谁誉？如有所誉者，其有所试矣。斯民也，三代之所以直道而行也。”

子曰：“吾犹及史之阙文也。有马者借人乘之，今亡矣夫！”

子曰：“巧言乱德。小不忍，则乱大谋。”

子曰：“众恶之，必察焉；众好之，必察焉。”

子曰：“人能弘道，非道弘人。”

子曰：“过而不改，是谓过矣。”

子曰：“吾尝终日不食，终夜不寝，以思，无益，不如学也。”

子曰：“君子谋道不谋食。耕也，馁在其中矣；学也，禄在其中矣。君子忧道不忧贫。”

子曰：“知及之，仁不能守之；虽得之，必失之。知及之，仁能守之。不庄以莅之，则民不敬。知及之，仁能守之，庄以莅之，动之不以礼，未善也。”

子曰：“君子不可小知而可大受也，小人不可大受而可小知也。”

子曰：“民之于仁也，甚于水火。水火，吾见蹈而死者矣，未见蹈仁而死者也。”

子曰：“当仁，不让于师。”

子曰：“君子贞而不谅。”

子曰：“事君，敬其事而后其食。”

子曰：“有教无类。”

子曰：“道不同，不相为谋。”

子曰：“辞达而已矣。”

师冕见，及阶，子曰：“阶也。”及席，子曰：“席也。”皆坐，子告之曰：“某在斯，某在斯。”师冕出。子张问曰：“与师言之道与？”子曰：“然，固相师之道也。”

季氏篇第十六

季氏将伐颛臾。冉有、季路见于孔子，曰：“季氏将有事于颛臾。”孔子曰：“求！无乃尔是过与？夫颛臾，昔者先王以为东蒙主，且在邦域之中矣，是社稷之臣也。何以伐为？”冉有曰：“夫子欲之，吾二臣者皆不欲也。”孔子曰：“求！周任有言曰：‘陈力就列，不能者止。’危而不持，颠而不扶，则将焉用彼相矣？且尔言过矣，虎兕出于柙，龟玉毁于椟中，是谁之过与？”冉有曰：“今夫颛臾，固而近于费。今不取，后世必为子孙忧。”孔子曰：“求！君子疾夫舍曰欲之而必为之辞。丘也闻有国有家者，不患寡而患不均，不患贫而患不安。盖均无贫，和无寡，安无倾。夫如是，故远人不服则修文德以来之。既来之，则安之。今由与求也，相夫子，远人不服而不能来也，邦分崩离析而不能守也，而谋动干戈于邦内。吾恐季孙之忧不在颛臾，而在萧墙之内也。”

孔子曰：“天下有道，则礼乐征伐自天子出；天下无道，则礼乐征伐自诸侯出。自诸侯出，盖十世希不失矣；自大夫出，五世希不失矣；陪臣执国命，三世希不失矣。天下有道，则政不在大夫；天下有道，则庶人不议。”

孔子曰：“禄之去公室五世矣，政逮于大夫四世矣，故夫三桓之子孙微矣。”

孔子曰：“益者三友，损者三友。友直，友谅，友多闻，益矣。友便辟，友善柔，友便佞，损矣。”

孔子曰：“益者三乐，损者三乐。乐节礼乐，乐道人之善，乐多贤友，益矣。乐骄乐，乐佚游，乐宴乐，损矣。”

孔子曰：“侍于君子有三愆：言未及之而言谓之躁，言及之而不言谓之隐，未见颜色而言谓之瞽。”

孔子曰：“君子有三戒：少之时，血气未定，戒之在色；及其壮也，血气方刚，戒之在斗；及其老也，血气既衰，戒之在得。”

孔子曰：“君子有三畏：畏天命，畏大人，畏圣人之言。小人不知天命而不畏也，狎大人，侮圣人之言。”

孔子曰：“生而知之者上也，学而知之者次也，困而学之又其次也。困而不学，民斯为下矣。”

孔子曰：“君子有九思：视思明，听思聪，色思温，貌思恭，言思忠，事思敬，疑思问，忿思难，见得思义。”

孔子曰：“见善如不及，见不善如探汤。吾见其人矣。吾闻其语矣。隐居以求其志，行义以达其道。吾闻其语矣，未见其人也。”

齐景公有马千驷，死之日，民无德而称焉。伯夷、叔齐饿于首阳之下，民到于今称之。其斯之谓与？

陈亢问于伯鱼曰：“子亦有异闻乎？”对曰：“未也。尝独立，鲤趋而过庭。曰：‘学诗乎？’对曰：‘未也。’‘不学诗，无以言。’鲤退而学诗。他日，又独立，鲤趋而过庭。曰：‘学礼乎？’对曰：‘未也。’‘不学礼，无以立。’鲤退而学礼。闻斯二者。”陈亢退而喜曰：“问一得三，闻诗，闻礼，又闻君子之远其子也。”

邦君之妻，君称之曰夫人，夫人自称曰小童；邦人称之曰君夫人，称诸异邦曰寡小君；异邦人称之亦曰君夫人。

阳货篇第十七

阳货欲见孔子，孔子不见，归孔子豚。孔子时其亡，也而往拜之，遇诸途。谓孔子曰：“来，予与尔言。”曰：“怀其宝而迷其邦，可谓仁乎？”曰：“不可。好从事而亟失时，可谓知乎？”曰：“不可。日月逝矣，岁不我与！”孔子曰：“诺，吾将仕矣。”

子曰：“性相近也，习相远也。”

子曰：“唯上知与下愚不移。”

子之武城，闻弦歌之声。夫子莞尔而笑，曰：“割鸡焉用牛刀？”子游对曰：“昔者偃也闻诸夫子曰：‘君子学道则爱人，小人学道则易使也。’”子曰：“二三子，偃之言是也！前言戏之耳。”

公山弗扰以费畔，召，子欲往。子路不说，曰：“末之也已，何必公山氏之之也？”子曰：“夫召我者，而岂徒哉？如有用我者，吾其为东周乎！”

子张问仁于孔子。孔子曰：“能行五者于天下为仁矣。”“请问之。”曰：“恭，宽，信，敏，惠。恭则不侮，宽则得众，信则人任焉，敏则有功，惠则足以使人。”

佛肸召，子欲往。子路曰：“昔者由也闻诸夫子曰：‘亲于其身为不善者，君子不入也。’佛肸以中牟畔，子之往也，如之何？”子曰：“然，有是言也。不曰坚乎，磨而不磷；不曰白乎，涅而不缁。吾岂匏瓜也哉？焉能系而不食？”

子曰：“由也，女闻六言六蔽矣乎？”对曰：“未也。”“居！吾语女。好仁不好学，其蔽也愚；好知不好学，其蔽也荡；好信不好学，其蔽也贼；好直不好学，其蔽也绞；好勇不好学，其蔽也乱；好刚不好学，其蔽也狂。”

子曰：“小子何莫学夫诗！诗，可以兴，可以观，可以群，可以怨。迩之事父，远之事君，多识于鸟兽草木之名。”

子谓伯鱼曰：“女为《周南》《召南》矣乎？人而不为《周南》《召南》，其犹正墙面而立也与？”

子曰：“礼云礼云，玉帛云乎哉？乐云乐云，钟鼓云乎哉？”

子曰：“色厉而内荏，譬诸小人，其犹穿窬之盗也与？”

子曰：“乡愿，德之贼也。”

子曰：“道听而途说，德之弃也。”

子曰：“鄙夫可与事君也与哉？其未得之也，患得之；既得之，患失之。苟患失之，无所不至矣。”

子曰：“古者民有三疾，今也或是之亡也。古之狂也肆，今之狂也荡；古之矜也廉，今之矜也忿戾；古之愚也直，今之愚也诈而已矣。”

子曰：“巧言令色，鲜矣仁。”

子曰：“恶紫之夺朱也，恶郑声之乱雅乐也，恶利口之覆邦家者。”

子曰：“予欲无言。”子贡曰：“子如不言，则小子何述焉？”子曰：“天何言哉？四时行焉，百物生焉，天何言哉？”

孺悲欲见孔子，孔子辞以疾。将命者出户，取瑟而歌，使之闻之。

宰我问：“三年之丧，期已久矣！君子三年不为礼，礼必坏；三年不为乐，乐必崩。旧谷既没，新谷既升，钻燧改火，期可已矣。”子曰：“食夫稻，衣夫锦，于女安乎？”曰：“安。”“女安则为之！夫君子之居丧，食旨不甘，闻乐不乐，居处不安，故不为也。今女安，则为之！”宰我出，子曰：“予之不仁也！子生三年，然后免于父母之怀。夫三年之丧，天下之通丧也，予也有三年之爱于其父母乎！”

子曰：“饱食终日，无所用心，难矣哉！不有博弈者乎？为之犹贤乎已。”

子路曰:“君子尚勇乎?”子曰:“君子义以为上。君子有勇而无义为乱，小人有勇而无义为盗。”

子贡曰:“君子亦有恶乎?”子曰:“有恶：恶称人之恶者，恶居下流而讪上者，恶勇而无礼者，恶果敢而窒者。”曰:“赐也亦有恶乎?”“恶徼以为知者，恶不孙以为勇者，恶讦以为直者。”

子曰:“唯女子与小人为难养也，近之则不孙，远之则怨。”

子曰:“年四十而见恶焉，其终也已。”

微子篇第十八

微子去之，箕子为之奴，比干谏而死。孔子曰:“殷有三仁焉。”

柳下惠为士师，三黜。人曰:“子未可以去乎?”曰:“直道而事人，焉往而不三黜?枉道而事人，何必去父母之邦?”

齐景公待孔子曰:“若季氏，则吾不能；以季、孟之间待之。”曰“吾老矣，不能用也。”孔子行。

齐人归女乐，季桓子受之，三日不朝，孔子行。

楚狂接舆歌而过孔子曰:“凤兮凤兮，何德之衰?往者不可谏，来者犹可追。已而已而，今之从政者殆而!”孔子下，欲与之言。趋而辟之，不得与之言。

长沮、桀溺耦而耕，孔子过之，使子路问津焉。长沮曰:“夫执舆者为谁?”子路曰:“为孔丘。”曰:“是鲁孔丘与?”曰:“是也。”曰:“是知津矣。”问于桀溺。桀溺曰:“子为谁?”曰:“为仲由。”曰:“是鲁孔丘之徒与?”对曰:“然。”曰:“滔滔者天下皆是也，而谁以易之?且而与其从辟人之士也，岂若从辟世之士哉?”耰而不辍。子路行以告。夫子怃然曰:“鸟兽不可与同群，吾非斯人之徒与而谁与?天下有道，丘不与易也。”

子路从而后，遇丈人，以杖荷蓧。子路问曰:“子见夫子乎?”丈人曰:“四体不勤，五谷不分，孰为夫子?”植其杖而芸。子路拱而立。止子路宿，杀鸡为黍而食之，见其二子焉。明日，子路行以告。子曰:“隐者也。”使子路反见之。至，则行矣。子路曰:“不仕无义。长幼之节不可废也，君臣之义如之何其废之?欲洁其身而乱大伦。

君子之仕也，行其义也。道之不行，已知之矣。”

逸民：伯夷、叔齐、虞仲、夷逸、朱张、柳下惠、少连。子曰：“不降其志，不辱其身，伯夷、叔齐与！”谓：“柳下惠、少连，降志辱身矣，言中伦，行中虑，其斯而已矣。”谓：“虞仲、夷逸，隐居放言，身中清，废中权。我则异于是，无可无不可。”

太师挚适齐，亚饭干适楚，三饭缭适蔡，四饭缺适秦，鼓方叔入于河，播鼗武入于汉，少师阳、击磬襄入于海。

周公谓鲁公曰：“君子不施其亲，不使大臣怨乎不以，故旧无大故则不弃也，无求备于一人。”

周有八士：伯达、伯适、仲突、仲忽、叔夜、叔夏、季随、季騧。

子张篇第十九

子张曰：“士见危致命，见得思义，祭思敬，丧思哀，其可已矣。”

子张曰：“执德不弘，信道不笃，焉能为有？焉能为亡？”

子夏之门人问交于子张。子张曰：“子夏云何？”对曰：“子夏曰：‘可者与之，其不可者拒之。’”子张曰：“异乎吾所闻：君子尊贤而容众，嘉善而矜不能。我之大贤与，于人何所不容？我之不贤与，人将拒我，如之何其拒人也？”

子夏曰：“虽小道，必有可观者焉；致远恐泥，是以君子不为也。”

子夏曰：“日知其所亡，月无忘其所能，可谓好学也已矣。”

子夏曰：“博学而笃志，切问而近思，仁在其中矣。”

子夏曰：“百工居肆以成其事，君子学以致其道。”

子夏曰：“小人之过也必文。”

子夏曰：“君子有三变：望之俨然，即之也温，听其言也厉。”

子夏曰：“君子信而后劳其民；未信，则以为厉己也。信而后谏；未信，则以为谤己也。”

子夏曰：“大德不逾闲，小德出入可也。”

子游曰：“子夏之门人小子，当洒扫应对进退，则可矣，抑末也。本之则无，如之何？”子夏闻之，曰：“噫，言游过矣！君子之道，孰先传焉？孰后倦焉？譬诸草木，区以别矣。君子之道，焉可诬也？

有始有卒者，其惟圣人乎！”

子夏曰：“仕而优则学，学而优则仕。”

子游曰：“丧致乎哀而止。”

子游曰：“吾友张也为难能也，然而未仁。”

曾子曰：“堂堂乎张也，难与并为仁矣。”

曾子曰：“吾闻诸夫子：人未有自致者也，必也亲丧乎！”

曾子曰：“吾闻诸夫子：孟庄子之孝也，其他可能也；其不改父之臣与父之政，是难能也。”

孟氏使阳肤为士师，问于曾子。曾子曰：“上失其道，民散久矣。如得其情，则哀矜而勿喜！”

子贡曰：“纣之不善，不如是之甚也。是以君子恶居下流，天下之恶皆归焉。”

子贡曰：“君子之过也，如日月之食焉：过也，人皆见之；更也，人皆仰之。”

卫公孙朝问于子贡曰：“仲尼焉学？”子贡曰：“文武之道，未坠于地，在人。贤者识其大者，不贤者识其小者，莫不有文武之道焉。夫子焉不学？而亦何常师之有？”

叔孙武叔语大夫于朝曰：“子贡贤于仲尼。”子服景伯以告子贡。子贡曰：“譬之宫墙，赐之墙也及肩，窥见室家之好；夫子之墙数仞，不得其门而入，不见宗庙之美、百官之富。得其门者或寡矣，夫子之云，不亦宜乎！”

叔孙武叔毁仲尼。子贡曰：“无以为也，仲尼不可毁也。他人之贤者，丘陵也，犹可逾也；仲尼，日月也，无得而逾焉。人虽欲自绝，其何伤于日月乎？多见其不知量也。”

陈子禽谓子贡曰：“子为恭也，仲尼岂贤于子乎？”子贡曰：“君子一言以为知，一言以为不知，言不可不慎也。夫子之不可及也，犹天之不可阶而升也。夫子之得邦家者，所谓立之斯立，道之斯行，绥之斯来，动之斯和。其生也荣，其死也哀，如之何其可及也？”

尧曰篇第二十

尧曰："咨！尔舜！天之历数在尔躬，允执其中。四海困穷，天禄永终。"舜亦以命禹。曰："予小子履敢用玄牡，敢昭告于皇皇后帝：有罪不敢赦。帝臣不蔽，简在帝心。朕躬有罪，无以万方；万方有罪，罪在朕躬。"周有大赉，善人是富。"虽有周亲，不如仁人。百姓有过，在予一人。"谨权量，审法度，修废官，四方之政行焉。兴灭国，继绝世，举逸民，天下之民归心焉。所重：民、食、丧、祭。宽则得众，信则民任焉，敏则有功，公则说。

子张问于孔子曰："何如斯可以从政矣？"子曰："尊五美，屏四恶，斯可以从政矣。"子张曰："何谓五美？"子曰："君子惠而不费，劳而不怨，欲而不贪，泰而不骄，威而不猛。"子张曰："何谓惠而不费？"子曰："因民之所利而利之，斯不亦惠而不费乎？择可劳而劳之，又谁怨？欲仁而得仁，又焉贪？君子无众寡，无小大，无敢慢，斯不亦泰而不骄乎？君子正其衣冠，尊其瞻视，俨然人望而畏之，斯不亦威而不猛乎？"子张曰："何谓四恶？"子曰："不教而杀谓之虐；不戒视成谓之暴；慢令致期谓之贼；犹之与人也，出纳之吝谓之有司。"

孔子曰："不知命，无以为君子也；不知礼，无以立也；不知言，无以知人也。"

（《论语》原文录自杨伯峻《论语译注》，中华书局 1980 年 12 月第 2 版）

插图说明

敬人先生，博雅之士也，性喜古籍，四部皆有涉猎，而于先秦诸子尤所究心。沉潜原典、博稽众说之余，另辟蹊径，以“智无止境”为总题，相继撰成《〈道德经〉名句今悟》《〈孙子兵法〉名句今悟》两书，要在着眼当前，自抒胸臆，良言善论，胜义纷披。

今者先生又有《〈论语〉名句今悟》寻将面世，体例一仍其旧。而为增添阅读趣味，因循《〈孙子兵法〉名句今悟》印制之法，再以配附相关版本书影为嘱。愚意《论语》版本，以三国时魏何晏集解本较为通行，故择上海图书馆所藏善本以供采用。兹作简单说明如下：

《论语》十卷，魏何晏集解，明末清初常熟毛氏汲古阁影抄元岳氏荆谿家塾刻本。匡高20.5厘米，广13厘米；半叶8行，行17字，小字双行同；左右双边，细黑口，双鱼尾；版心下有刻工名嵩甫（父）、德高、可、余、明、吉荣、弓、永、吴、拱、祥、叔、张泳、宏等；序后及各卷末有“盱郡重刊廖氏善本”牌记，唯卷二阙如，或所据底本原貌如此也未可知。

按元岳氏荆谿家塾刻本今国家图书馆有藏，据该馆所编《国家图书馆宋元善本图录》（浙江古籍出版社2019年版），知此抄本与刻本有两处不同：一是刻本系四周双边；

另一是刻本卷六、九末之牌记文字为“相台岳氏刻梓荆溪家塾”，卷六牌记为隶书，卷九牌记为篆书。意者刻本有初、后印本之不同而致使牌记不一，未敢遽定，但版匡形制，不应有所改变，则近四百年来，毛氏影抄本虽享“下真迹一等”之盛誉，亦难免存在瑕疵。

此外尚须关注者：该本“玄”字缺笔，系避清康熙皇帝之讳而非宋讳，盖元刻本“玄”字并不缺笔。细审该本影抄时，“玄”字原亦完整，之所以缺末笔，系经后来改动，痕迹明显。故该本之影写年代，至少有两种可能：一在明末毛晋（1599—1659，字子晋）之时，入清康熙（1662—1722）后，由其子毛扆（1640—1711，字斧季）改讳字；一在清康熙之时，则毛晋之印章皆为毛扆所钤。

此本钤有“毛晋私印”“子晋”“汲古阁”“汲古主人”“毛扆之印”“斧季”之印。曾为朱筠（1729—1781，顺天大兴人）插架之物，钤有“臣筠”“三晋提刑”之印。后入藏清宫，钤有“乾隆御览之宝”“五福五代堂古稀天子宝”“八征耄年之宝”“太上皇帝之宝”“天禄琳琅”“天禄继鉴”之印，《天禄琳琅书目后编》著录。

陈先行

2023年仲春于海上学思斋

后　记

《智无止境——〈论语〉名句今悟》得以付梓，得到了多方抬爱。特别是刘咏和杨金泉两位老师在百忙中欣然命笔为本书作序，令人感激之至！刘咏先生是“齐鲁文化名家”、资深出版人和书法家，也是笔者读书悟道的知己好友。与杨金泉先生相识在孔子故里——山东曲阜孔子博物馆，他是该馆的业务副馆长，从事孔子文化遗产保护研究三十余年，在儒学研究方面有深厚造诣，著有《论语漫读》等。著名古籍版本专家陈先行老先生在研究古籍版本学之余，为本书撰写了古籍插图说明。承蒙青岛出版集团厚爱，编辑董建国先生编辑了本书和笔者过往撰写的《智无止境》系列丛书，其精心编辑保证了本书的质量。

自今年3月份以来，我每周六上午发送的“每周一句‘论语’”微信，继续得到诸多友人的热情反馈和积极肯定。许多朋友及时交流了心得体会，有朋友发来“再悟”，还有朋友以手书《论语》摘句相和。友人的反馈着实让我感到鼓舞和欣慰。在此，对所有朋友的肯定和喜爱表示由衷的感谢。同时，也对家人一如既往的支持表示充满温度的感激。

敬人

2023年春分于北京

图书在版编目（CIP）数据

智无止境：《论语》名句今悟 / 敬人著 . — 青岛：青岛出版社，2023.6
ISBN 978-7-5736-1149-9

Ⅰ . ①智… Ⅱ . ①敬… Ⅲ . ①儒家②《论语》—通俗读物 Ⅳ . ① B222.2-49

中国国家版本馆 CIP 数据核字（2023）第 082071 号

封底篆刻　李骆公
扉页篆刻　曲学朋
人名篆刻　陈礼忠

书　　名　智无止境——《论语》名句今悟
作　　者　敬　人
出版发行　青岛出版社（青岛市崂山区海尔路 182 号，266061）
本社网址　http://www.qdpub.com
邮购电话　0532- 68068091
策划编辑　刘　咏
责任编辑　董建国
特约编辑　吴清波
装帧设计　祝玉华
照　　排　光合时代
印　　刷　青岛名扬数码印刷有限责任公司
出版日期　2023 年 6 月第 1 版　2023 年 6 月第 1 次印刷
开　　本　32 开（889mm × 1194mm）
印　　张　7.5
字　　数　120 千
图　　数　44 幅
书　　号　ISBN 978-7-5736-1149-9
定　　价　78.00 元

编校印装质量、盗版监督服务电话：4006532017　0532-68068050